ballet

FUNDAMENTOS E TÉCNICAS

ballet
FUNDAMENTOS E TÉCNICAS

GAYLE KASSING, PhD

Manole

Título original em inglês: *Beginning Ballet*
Copyright © 2013 Human Kinetics, Inc. Todos os direitos reservados.
Publicado mediante acordo com a Human Kinetics, EUA.

Este livro contempla as regras do Acordo Ortográfico da Língua Portuguesa.

Editor-gestor: Walter Luiz Coutinho
Editora de traduções: Denise Yumi Chinem
Produção editorial: Priscila Pereira Mota Hidaka e Cláudia Lahr Tetzlaff

Tradução: Nilce Xavier

Consultoria técnica: Thaynã Boer Zammar
      Graduada em Educação Física pela Universidade Metodista de São Paulo
      Especialista em Aprendizagem Motora pela Universidade de São Paulo (USP)
      Formada em Ballet Clássico pela Escola Municipal de Bailado do Teatro Municipal de São Paulo
        e pela Escola de Ballet Evelyn, sendo premiada em diversos festivais e mostras de dança
      Professora e coreógrafa de Ballet Clássico para crianças e adultos por meio
        dos métodos Vaganova e Royal

Revisão de tradução e revisão de prova: Depto. editorial da Editora Manole
Projeto gráfico: Vinicius Asevedo Vieira
Diagramação: Fernanda Satie Ohosaku
Capa: Depto. de arte da Editora Manole
Editora de arte: Deborah Sayuri Takaishi

Dados Internacionais de Catalogação na Publicação (CIP)
(Câmara Brasileira do Livro, SP, Brasil)

Kassing, Gayle
   Ballet : fundamentos e técnicas / Gayle Kassing ;
[tradução de Nilce Xavier]. -- Barueri, SP :
Manole, 2016.

     Título original: Beginning ballet.
     Bibliografia
     ISBN 978-85-204-4101-5

     1. Balé (Dança) 2. Balé - Estudo e ensino
I. Título.

15-09402   CDD-792.807

Índices para catálogo sistemático:
    1. Balé : Cursos : Estudo e ensino   792.807
    2. Balé : Estudo e ensino   792.807

Edição brasileira – 2016

Direitos em língua portuguesa adquiridos pela:
Editora Manole Ltda.
Av. Ceci, 672 – Tamboré – 06460-120 – Barueri – SP – Brasil
Fone: (11) 4196-6000 | Fax: (11) 4196-6021
www.manole.com.br | https://atendimento.manole.com.br/

Impresso no Brasil
Printed in Brazil

Notas:
O conteúdo deste livro destina-se a promover informações úteis ao público geral. Todos os leitores são aconselhados a procurar orientação profissional antes de iniciar qualquer programa de atividade física, principalmente em casos de problemas específicos de saúde. A autora e os editores eximem-se de toda e qualquer responsabilidade por prejuízos ou danos que possam ocorrer por consequência direta ou indireta do uso de quaisquer informações contidas nesta publicação.

A consultoria técnica teve como foco a adequação da terminologia ao contexto brasileiro. A revisora colaboradora se exime de qualquer responsabilidade em relação ao conteúdo e não atesta ou reforça a validade das informações publicadas, que expressam a opinião exclusiva da autora.

Sumário

Sobre a autora

Gayle Kassing deu aulas de ballet por mais de 25 anos em quatro universidades, ensinando desde turmas iniciantes até avançadas. Kassing é formada em Ballet e Teatro, fez mestrado em Dança Moderna, é PhD em Dança e Artes relacionadas e tem licenciatura para ensinar artes e tecnologia nos ensinos fundamental e médio. Recebeu o título Artist Scholar da National Dance Association (NDA) em 2010 como um reconhecimento por sua atuação nos campos artístico e acadêmico. Além de integrante da National Dance Education Organization (NDEO), Kassing também é autora de *History of Dance* e coautora de *Teaching Beginning Ballet Technique*.

Prefácio

O ballet surgiu como fonte de entretenimento para a realeza. Atualmente, evoluiu como uma fonte de prazer para crianças, uma forma de treinamento alternativo para atletas e artistas performáticos e uma paixão para milhões de dançarinos e espectadores. Nos Estados Unidos, o ensino do ballet para pessoas de todas as faixas etárias e níveis de interesse se disseminou pelas escolas de dança e oficinas de artes comunitárias, pelas escolas profissionais e em cursos de ensino médio e também universitários.

Uma aula iniciante de ballet requer tanto participação física como mental. Em cursos universitários de Literatura Inglesa ou de Civilização Ocidental, por exemplo, o aluno se senta, escuta o professor, faz anotações, trabalha em projetos, lê textos, prepara tarefas extraclasse e passa por avaliações. Nas aulas de ballet, o professor apresenta uma série de exercícios e sequências e, então, o aluno os executa. Durante toda a aula, ele ativa a memória para aprender a sequência de movimentos que um exercício ou uma sequência engloba. O professor dá o *feedback* para aperfeiçoar ou refinar o desempenho, e esse *feedback* é memorizado para ser posto em prática na próxima vez em que o movimento for executado.

Em apenas uma aula de ballet, os alunos praticam diversos exercícios, passos e sequências. Ao longo de um curso, o número de exercícios, passos e sequências aumenta, e eles se tornam cada vez mais complexos e difíceis. Geralmente, é um desafio compreender os elementos e as exigências técnicas de cada exercício ou passo que é apresentado em apenas uma parte da aula. Além de aprender a sequência de movimentos de um exercício ou de um passo, é preciso reconhecê-lo e executá-lo com todos os seus pormenores e, então, relacioná-lo a seu nome francês. Para complicar a situação, é necessário compreender como tais exercícios, posições, poses, passos e sequências se relacionam uns com os outros como parte dos princípios da técnica de ballet. Para amenizar a confusão, recursos escritos e visuais são imprescindíveis para amparar o aprendizado da técnica de ballet e também o ballet como forma de arte.

Ballet – Fundamentos e técnicas é um livro abrangente para alunos matriculados em um curso iniciante de ballet. Ele pode ser adotado em um programa de aulas de belas-artes, de educação física ou de dança, tanto como em um curso geral ou em um curso introdutório para graduandos ou mestrandos em dança, pois prepara o aluno para participar mental e fisicamente de uma aula de ballet para iniciantes. O livro apresenta os fundamentos da técnica e os princípios dos movimentos, introduz exercícios de barra e de centro, além de trazer uma breve história sobre montagens e artistas importantes, fornecendo subsídios para a formação do aluno também como espectador. Aprender ballet e aprender *sobre* o ballet são os primeiros passos para compreendê-lo e apreciá-lo como forma de movimento e como arte performática.

O Capítulo 1 é uma introdução ao ballet como uma forma de arte e apresenta a estrutura de uma aula. Ele tece um panorama das mudanças na tradição do ballet e de sua popularização na sociedade e no meio acadêmico, oferecendo um leque de opções a quem quiser dar continuidade à formação de bailarino. O Capítulo 2 é uma preparação para as aulas e indica as roupas e os calçados adequados, além de abordar questões a respeito das expectativas dos participantes e a etiqueta em sala de aula. O foco do Capítulo 3 recai na segurança, na anatomia básica, na prevenção de lesões e nos cuidados apropriados com nutrição e hidratação. O Capítulo 4 explica as posições básicas de pés e braços, as posições corporais clássicas e as poses do ballet. O Capítulo 5 descreve os princípios do movimento, a estrutura e o desenho das sequências e dos exercícios básicos, além do modo como a música ampara a dança. Esse capítulo proporciona estratégias de aprendizagem da técnica e prepara o aluno para os exames de desempenho. O Capítulo 6 ilustra os exercícios que serão praticados na barra. O Capítulo 7 explora os passos iniciais de ballet aprendidos no centro da sala. Os Capítulos 6 e 7 contam com sequências de fotos que retratam a posição-chave de cada exercício. O Capítulo 8 traz um breve histórico do ballet, concentra-se em contribuições, estilos e obras mundialmente famosos, proporcionando, assim, estratégias para aguçar o olhar e a percepção de uma apresentação de ballet, o que contribui para o desenvolvimento de valores estéticos ligados ao ballet como arte performática.

Este livro traz ainda um glossário de termos de ballet iniciante, além de quadros com conteúdos especiais, como atividades de autoavaliação e curiosidades históricas para ampliar o aprendizado.

Participar de uma aula de ballet significa juntar-se a uma tradição que é compartilhada por dançarinos do mundo inteiro. As aulas de ballet para iniciantes ajudam a:

- desenvolver resistência e novas habilidades de dança e de movimento;
- explorar uma arte performática que surgiu na Renascença e que ainda continua a ser uma poderosa forma de expressão no século XXI;
- compreender uma dança que é a base de outros tipos de dança e de outras artes performáticas; e
- aprender mais sobre si mesmo, tanto com relação à parte física como à mental.

Adentrar em uma sala de ballet é o primeiro passo rumo a um universo único, que oferece a oportunidade de aprender a executar movimentos que se aperfeiçoaram ao longo de quatro séculos. Nesse mundo, o aluno também tem a oportunidade de aprender mais sobre si mesmo por meio de uma intensa disciplina que envolve corpo e mente.

Este livro vai ajudá-lo a dar o primeiro passo no mundo do ballet.

1
Introdução ao ballet

Bailarinos deslizam, giram e saltitam pelo solo. Como todos os artistas, eles aprendem e refinam a técnica por meio do estudo contínuo. Nas salas de dança, os bailarinos aperfeiçoam exercícios, passos e sequências que são a base da coreografia executada no palco. Quando um aluno entra em uma escola de ballet para dar início a seus estudos, ela se torna um portal para o mundo do ballet, como tem sido para várias gerações de bailarinos.

A aula é o ponto de partida para o aprendizado do ballet. Comparecer às aulas é um treinamento constante para todos os dançarinos, dos iniciantes aos profissionais, pois se trata da força motriz do desenvolvimento do dançarino no que diz respeito à técnica e à maestria para conquistar a melhor performance.

O **ballet** é uma dança clássica ocidental e uma arte performática que data de mais de quatro séculos. Seu coração é a técnica, que evoluiu com a contribuição de dançarinos e coreógrafos ao redor do mundo. Com o passar do tempo, o ballet absorveu princípios do movimento e desenvolveu vários estilos ligados a períodos históricos, escolas e métodos que sustentam sua estética como arte performática.

A **técnica do ballet** consiste em um vocabulário de exercícios, passos, posições e poses. Uma característica importante da técnica para o bailarino é o *en dehors*, isto é, a capacidade de girar externamente as pernas desde a articulação do quadril. A esse vocabulário codificado de movimento subjazem princípios e protocolos para se dançar, por isso, ao estudar, o aluno aprende a linguagem dessa forma de dança. Conhecer o vocabulário ajuda a compreender e a comunicar as inúmeras possibilidades de mesclar exercícios, passos e poses em várias sequências e partes de coreografia. A execução da técnica do ballet requer precisão, clareza e coordenação do tronco, das pernas e da cabeça. Diversos métodos e escolas de ballet representam estilos distintos de prática da técnica.

> ### Você sabia?
>
> Muitas obras de ballet foram transmitidas de uma geração de dançarinos, professores e coreógrafos para outra. Até a invenção do filme e, posteriormente, de meios eletrônicos de gravação, dançarinos, coreógrafos e **diretores**, ou indivíduos que apresentavam algum espetáculo de dança, mantinham um banco de memória visual de ballets que reapresentariam para alguma companhia. Eles eram capazes de lembrar, dançar e ensinar ballets inteiros, incluindo-se todas as diferentes partes de todos os dançarinos.

Além da técnica e do vocabulário, nas aulas os bailarinos põem em prática muitas tradições, que contribuem para fazer do ballet uma forma de dança única. Tanto a tradição oral como a escrita fornecem a base da etiqueta e das expectativas nas aulas e nas apresentações.

O ballet continua se desenvolvendo ao mesmo tempo que se atém a suas obras românticas, clássicas e ao estilo do século XX. No século XXI, o ballet ultrapassou as fronteiras da dança e da arte performática; ele também é praticado como treinamento físico por atletas profissionais e como uma forma alternativa de malhação para entusiastas do condicionamento físico. O mundialmente famoso New York City Ballet publicou um guia de exercícios de ballet para condicionamento físico. Outras danças usam o ballet como parte de seu treinamento.

Benefícios do ballet

Algumas pessoas, quando assistem a uma apresentação de ballet, ficam tão deslumbradas com a beleza e a graça dos dançarinos que querem aprender a dançar ballet também. Começar a praticar ballet no início da vida adulta pode ser uma nova aventura ou a retomada de um estudo anterior. Alguns começam a fazer aulas para ampliar seus conhecimentos e amparar alguma outra forma de dança, arte ou algum estudo. É muito comum estudantes de teatro, de música ou de musicais procurarem aulas de ballet para aprimorar suas habilidades corporais. Do mesmo modo, atletas como ginastas, skatistas, jogadores de basquete e de futebol de várias nacionalidades se matriculam em aulas de ballet para ganhar resistência, agilidade e equilíbrio. O ballet oferece incontáveis benefícios para quem quer que seja, entre os quais:

- Ajuda a melhorar a postura e a coordenação.
- Aumenta o nível de atividade física, o que contribui para a manutenção do peso e do condicionamento físico geral.
- Proporciona mais flexibilidade, resistência e equilíbrio.
- Favorece um porte gracioso com movimentos dinâmicos.

- Estimula simultaneamente um comprometimento físico e mental, proporcionando uma prazerosa experiência que envolve corpo e mente.

Seja qual for o seu interesse ou área de estudo, fazer ballet pode melhorar a sua vida.

Você sabia?

O envolvimento do indivíduo com artes e atividades culturais, seja como participante ou como espectador, foi apontado como um fator que eleva os indicadores de saúde física e emocional e de bem-estar (Cuypers, 2011).

Ballet em ambientes acadêmicos

Nos Estados Unidos, há muito tempo cursos de dança são oferecidos em faculdades, universidades e escolas. Aulas de ballet são oferecidas nos departamentos de dança, educação física, teatro, entre outros. Cursos gerais da área de educação em uma universidade, um curso introdutório em uma graduação, um curso do currículo de uma escola pública ou um curso educacional contínuo incluem o ballet e outros estilos de dança. O ballet iniciante é um curso de base para o aluno se tornar um dançarino ou coreógrafo. As aulas de ballet para iniciantes podem estimulá-lo a levar adiante a formação em ballet, a explorar outros estilos de dança ou a continuar assistindo a espetáculos de dança.

Nos cursos acadêmicos de ballet os alunos aprendem as técnicas, aplicam nos trabalhos em sala de aula os princípios do movimento, assistem a espetáculos e estudam o ballet como arte performática. Assim como nos métodos de estudos de outras áreas artísticas, os estudantes aprendem o vocabulário e os termos técnicos próprios do ballet, estudam sua história, apuram o senso estético para as formas da dança e ganham conhecimentos complementares sobre como prevenir lesões e como lidar com as exigências e expectativas de um bailarino. A avaliação envolve tanto exames práticos como escritos.

Participar de uma aula de ballet é um desafio para o corpo e para a mente.

Ballet fora da universidade

Uma atividade física artística como o ballet, além dos benefícios da dança, proporciona também os benefícios do envolvimento mental e social. Embora boa parte dos cursos de dança seja direcionada ao público infantil, as seguintes opções podem ser úteis para quem deseja dedicar-se ao ballet já na idade adulta:

Você sabia?

Nos Estados Unidos, as universidades oferecem cursos de ballet desde o início da década de 1920. A Universidade de Nebraska, em Lincoln, foi uma das primeiras a oferecer o curso de ballet no departamento de educação física.

- Escolas de dança.
- Programas de recreação em parques.
- Academias.
- Companhias de dança que tenham escolas.
- Organizações artísticas.

Quem estiver interessado deve explorar a vizinhança de onde vive e conferir o que ela tem para oferecer em relação a aulas e espetáculos. Também é possível contribuir com a arte do ballet frequentando apresentações, voluntariando-se para ajudar na organização de apresentações de ballet em alguma comunidade ou patrocinando atividades, ou atuando como defensor das artes nas escolas e nos lugares frequentados.

Fundamentos da aula de ballet

O principal objetivo de uma aula de ballet para iniciantes é ensinar a dançar. Portanto, a aula não exige experiência anterior e tem uma estrutura diferente de disciplinas como literatura, química ou ciências sociais. O professor mostra os exercícios e as sequências do dia, e o aluno responde repetindo os movimentos com a música. O comparecimento às aulas proporciona a prática física e o conhecimento intelectual no qual se fundamentam a técnica e a compreensão do ballet como forma de arte.

Quem já fez ballet anteriormente talvez tenha de fazer uma aula para que os professores determinem seu nível ou então pode conversar com o professor a respeito da experiência pregressa. De toda forma, o aluno deve ter em mente que as aulas iniciais concentram-se nos fundamentos do ballet e que talvez ele já saiba os passos que serão trabalhados. No entanto, para quem quer rever os conceitos básicos para refrescar a memória corporal dos movimentos, ou simplesmente gosta de praticar o básico, as aulas de ballet para iniciantes são perfeitas. Independentemente do nível do aluno, frequentar as aulas de modo regular ajuda a aperfeiçoar a técnica e a desenvolver a qualidade artística.

Sala de dança

A sala de dança é o lugar onde os dançarinos aprendem, praticam e aperfeiçoam a técnica. Geralmente, é um espaço amplo o bastante para acomodar cerca de 20 a 30 pessoas que vão se mover confortavelmente. A maioria das salas tem pé direito alto e piso de madeira de lei ou de vinil próprio para dança (linóleo). Espelhos ocupam toda a extensão de uma ou mais paredes, e barras estão instaladas junto a várias paredes. A um dos cantos pode haver um piano ou um aparelho de som para acompanhamento.

Papel do professor

Nas aulas, o professor é o guia que faz o aluno alcançar a competência técnica, auxiliando-o no aprendizado do ballet da seguinte forma:

- Construindo um vocabulário básico de ballet e técnica.
- Ligando princípios de movimentos a exercícios, passos, posições e poses.
- Facilitando conexões físicas e intelectuais com o ballet como expressão artística.
- Ensinando a história do ballet, falando sobre os artistas, os estilos e a estética.
- Proporcionando oportunidades para que os alunos assistam a apresentações de ballet e as entendam.

Ao longo da aula, o professor apresenta exercícios ou sequências, e os alunos os executam enquanto ele observa o modo como todos se movimentam, para que depois possa dar um *feedback* geral, ou específico no caso de alunos que têm de apurar a técnica, empenhar-se na performance e ficar atentos à segurança e à limpidez dos movimentos. O professor pode se valer das mais variadas estratégias de ensino para atender às demandas individuais de cada aluno, assim como para atingir seus próprios objetivos. Ele orienta os alunos em uma progressão de passos, coordenando-os com a música gravada ou com a música ao vivo.

Música gravada e música ao vivo nas aulas

O professor pode recorrer tanto a músicas gravadas como a um músico, geralmente um pianista, para acompanhar os dançarinos. O músico complementa o trabalho do professor ao atuar em parceria com ele, garantindo que a aula de ballet transcorra suavemente e seja uma experiência de aprendizado prazerosa. O músico de dança normalmente tem na memória um repertório de músicas clássicas ao qual recorrer. Esse repertório inclui uma variedade de compassos e andamentos para contemplar as diferentes partes da aula. É muito comum o repertório de música clássica contar com peças populares, contemporâneas e também improvisadas para ficar mais diversificado, mudar o clima e o andamento e tornar a aula de dança mais agradável.

Durante a aula, o professor passa as diretrizes para o músico, orientando-o a tocar um acompanhamento que seja apropriado ao nível de aprendizado dos dançarinos. Para cada exercício ou sequência, o professor indica o compasso, estabelece o andamento e explica o movimento verbalmente e na prática, demonstrando-o para a classe.

Você sabia?

A dança e a música são artes irmãs. No ballet, a música ampara o aprendizado do movimento e deixa o clima na sala de aula mais agradável por causa da sinergia entre movimento e música.

Etiqueta e expectativa dos alunos

Desde suas origens nas cortes reais e nos teatros, a etiqueta da aula de ballet evoluiu ao longo dos séculos (para mais informações sobre essa evolução, ver o Cap. 8, "História do ballet"). Atualmente, as expectativas acerca da etiqueta para o ballet baseiam-se na tradição, pois segui-la é conectar-se às gerações passadas de bailarinos.

Regras e protocolos permitem que a aula transcorra com mais eficiência durante os inúmeros exercícios que são trabalhados. Assim como em qualquer outra aula, tais requisitos asseguram um aprendizado efetivo e eficaz. As expectativas em relação aos alunos em uma aula de ballet acadêmica aliam tradição, estratégias contemporâneas de ensino e requisitos da classe acadêmica.

Em classe, espera-se que o aluno permaneça em silêncio enquanto observa o professor demonstrar o exercício e as sequências e só depois repita os movimentos conforme proposto, prestando atenção ao que está executando. O aluno não deve conversar com os colegas durante ou entre as sequências. Se surgir alguma dúvida, deve levantar a mão após a explicação do professor, antes de começar a praticar a sequência. Durante as aulas, os bailarinos também não devem mascar chiclete, e todos devem demonstrar respeito mútuo pelo espaço do colega bem como por suas demonstrações de exercícios, de acordo com a estrutura do protocolo e das regras do ballet.

O aluno deve ficar atento à aula, pois assim conseguirá desenvolver a capacidade de concentração para aprender os movimentos enquanto eles são demonstrados. Também deve prestar atenção à explicação do professor sobre o movimento e à contagem. Ficar atento à execução de cada parte da sequência de movimentos ajuda a memorizá-la e a re-

Você sabia?

Nas aulas de ballet tradicional, homens e mulheres reproduzem papéis de acordo com regras sociais históricas de etiqueta. Na parte central da aula, as damas posicionam-se à frente, e os cavalheiros, atrás. Ao se movimentarem pela sala, as damas executam a sequência primeiro, só então é a vez dos cavalheiros. Normalmente, a música muda para um andamento mais lento para acompanhar a elevação dos homens nos saltos mais altos pelo solo. Em uma aula de ballet para iniciantes, o professor é quem determina se a aula seguirá ou não a tradição.

Estudantes observam e ouvem enquanto a professora explica e demonstra a sequência de movimento.

lembrá-la posteriormente quando da prática. Depois da aula, os passos devem ser repassados mentalmente, e isso deve ser feito de novo antes da aula seguinte para auxiliar o processo de aprendizagem. Essas estratégias são muito úteis para se fazerem ajustes e se incorporarem correções às sequências de movimentos enquanto elas são assimiladas.

Assiduidade

A frequência regular é importante porque novas informações e novos movimentos são ensinados a cada aula. Ao frequentá-las regularmente, o aluno vai expandindo o próprio conhecimento e o vocabulário de movimentos, além de poder praticar os exercícios da aula anterior e reforçar sequências diferentes. Como uma série de novos exercícios, passos ou poses são ensinados a cada novo encontro, pode ser difícil relembrar todos os pontos-chave ao final de uma aula, e isso será ainda mais difícil na próxima, portanto o aluno só vai conseguir revisar ou reforçar o que já aprendeu se comparecer a todas as aulas. Em uma classe de ballet para iniciantes, nem sempre os passos são apresentados na mesma ordem em que costumam aparecer em uma aula-padrão de ballet. A sequência é ajustada à medida que a turma vai ganhando um repertório de exercícios e passos para cada parte do curso. Se o aluno frequenta o curso com regularidade, ele se mantém em dia com tais ajustes e não atrasa o restante da sala tentando acompanhá-lo.

Preparação e prática

Além da leitura deste livro, a preparação para as aulas de ballet inclui a prática tanto física como mental bem como tarefas teóricas. O aluno é o responsável por assimilar e por relembrar os exercícios e os passos apresentados na aula anterior, pois isso é o que permite ao professor acrescentar mais informações ao conteúdo ou à aula para conseguir ir adiante no desenvolvimento da matéria e, assim, completar o percurso da aula. Fora da sala de aula, o aluno deve praticar os exercícios e os passos que aprendeu, pois, ao se dedicar à prática física, seu corpo e sua mente internalizam o movimento correto e o modo de executá-lo, o que acelera o processo de aprendizagem.

Pontualidade

Os conteúdos da aula são apresentados em sequência, por isso é importante estar preparado física e mentalmente para dançar antes do início da aula, o que significa que o aluno deve estar devidamente vestido e de prontidão quando ela começar. A pontualidade, além de demonstrar respeito para com o professor e os colegas, permite que o aluno tenha tempo de se preparar para se dedicar plenamente. A preparação mental requer que as informações de outras aulas sejam relembradas e os problemas pessoais fiquem da porta para fora da sala de dança. O aluno tem de vir para dançar e desfrutar da experiência. A presença em sala é um compromisso com a dança durante a aula inteira, até que o professor dispense a turma.

Se chegar atrasado, o aluno deve esperar junto à porta da sala até o professor permitir que ele entre e então deve perguntar se pode fazer a aula. Se chegar depois que certo número de exercícios na barra já foi executado, talvez o professor não lhe dê permissão para tal. Se precisar sair mais cedo, deve explicar a situação ao professor antes do início da aula. Quando chegar a hora de ir embora, deve sair da sala em silêncio e com discrição, para não atrapalhar o andamento da aula. O professor vai passar todas as diretrizes específicas a respeito de atrasos e saídas antecipadas.

Se precisar sair mais cedo por causa de alguma emergência, o aluno deve conversar discretamente com o professor. Chegar atrasado e sair mais cedo não devem ser acontecimentos recorrentes. Se por acaso o aluno precisa atravessar o *campus* inteiro da faculdade para chegar a tempo à aula de ballet, ou se tiver outra aula logo depois, deve descobrir qual é o caminho mais rápido para chegar antes do início da aula ou sair assim que ela terminar. Em caso de problemas decorrentes de horários conflitantes, a situação deve ser discutida com os professores.

Estrutura da aula de ballet

A atual estrutura das aulas de ballet evoluiu ao longo da história, absorvendo as tradições, as práticas de movimentação e a ciência da dança. Em uma aula de ballet para iniciantes, os dançarinos fazem exercícios e passos básicos e executam sequências individuais em andamento lento. Adquirem competência técnica, aprendem os princípios do movimento, desenvolvem uma atitude profissional e se conscientizam das práticas rotineiras em uma escola de dança.

A aula de ballet difere da de um curso expositivo ou de outras aulas de artes, pois é dividida em duas partes distintas: a barra e o centro. Em ambas as partes da aula, os dançarinos devem seguir regras e protocolos de etiqueta para agilizar a transição de uma sequência para outra, de modo que possam dançar o maior tempo possível.

Barra

A **barra** tem dois significados: é um equipamento e uma parte da aula de ballet. A *barra* é uma trave de madeira ou metal fixada nas paredes da sala de dança ou pode ter uma estrutura independente e portátil para ser posicionada no local mais conveniente. *Barra* também é o modo de se referir às séries de exercícios preparatórios de aquecimento e alongamento para a segunda parte da aula e que são executados na própria barra. Nas aulas de ballet atuais, os dançarinos normalmente fazem uma série de exercícios pré-barra para aquecer o corpo e prepará-lo para executar os tradicionais exercícios de barra.

Não importa se o bailarino é novato, experiente ou profissional, a barra é parte essencial da aula de ballet, pois é o que prepara o corpo para dançar durante a segunda parte da aula ao estabelecer a correta colocação do corpo e desenvolver a resistência do *core* e das pernas, a perpendicularidade, o equilíbrio, a articulação dos pés e a habilidade na transferência de peso. Os exercícios na barra ajudam o bailarino a reconectar-se com os aspectos mente/corpo do ballet e a aprofundar e aperfeiçoar sua técnica. As sequências na barra podem diferir dependendo do treino adotado pelo professor ou da associação dele com alguma escola específica ou algum método de instrução.

Centro

Uma vez completados os exercícios da barra, o bailarino se posiciona no meio da sala para a parte central da aula. No **centro**, são ensinados os passos, as posições e as poses para aquisição do vocabulário básico de movimentos do ballet. O bailarino repete os exercícios da barra e aprende os passos que se desenvolvem em sequências dinâmicas de movimento sem um meio externo de suporte. Em outras palavras, no centro se aplica o que foi aprendido na barra e se aprende a dançar.

As sequências do centro variam em andamento e incluem passos diversos e poses em sequências que vão se modificando para desafiar o aluno.

No centro, a aula trabalha:

- Prática focada de exercícios selecionados da barra para aperfeiçoar a técnica, o equilíbrio e a perpendicularidade.
- Sequências lentas, ou adágios, que incluem poses clássicas do ballet, posições de pés e braços, passos e giros.
- Sequências rápidas, ou *allegros*, que incluem saltos amplos ou pequenos executados em sequências de movimentos que deslocam-se para o lado, para a frente e para trás.

Nas aulas de ballet para iniciantes, os exercícios, os passos e as partes da aula nem sempre são apresentados na mesma ordem em que o são em uma aula-padrão de ballet. Mas no fim, a barra e o centro serão usados.

O professor pode dividir a turma em grupos de três ou quatro dançarinos para executar as sequências no centro, de modo que todos tenham espaço para dançar. O primeiro grupo toma seu lugar no meio da sala para começar; o segundo grupo, bem como os demais, aguarda sua vez na lateral ou na parte de trás. Assim que o primeiro grupo completar a sequência, o músico pode tocar um ostinato ou repetir a música para dar a deixa para o primeiro grupo sair pela lateral enquanto o outro grupo se posiciona. A rotatividade dos grupos vai se sucedendo até que todos tenham executado a sequência.

O professor também pode instruir os alunos a executarem sequências em filas, grupos, duetos ou solo, cruzando a sala de um lado ao outro ou na diagonal, começando no canto da parte de trás da sala e atravessando até o canto oposto na parte da frente. O segundo grupo só deve começar quando os bailarinos do primeiro grupo completarem metade ou um terço da trajetória, o que normalmente dura oito tempos ou mais da música. O intervalo entre os grupos ajuda a prevenir eventuais colisões e mantém a classe em movimento constante pela sala.

Ao atravessar a sala em uma linha paralela com a parte da frente, basta chegar ao outro lado para que a sequência possa recomeçar. Mas, ao executar a sequência do outro lado, atravessando a sala na direção oposta ou na diagonal, normalmente os dançarinos da segunda fila ou o segundo grupo devem se adiantar para conduzir a sequência.

Quando estiver esperando sua vez de executar a sequência no centro ou atravessando a sala, o aluno deve permanecer em silêncio e observar os colegas; a maioria dos dançarinos costuma ficar na lateral, em direção à parte de trás da sala. Se o professor permitir, ele pode marcar ou se movimentar durante a sequência ou repassá-la mentalmente. Praticar a sequência mentalmente é um modo eficaz de aprender o movimento, e o aluno pode fazer isso tentando visualizar os passos, as direções e outros elementos da sequência no tempo da música enquanto aguarda sua vez.

Révérence

Ao final da aula de ballet tradicional, os dançarinos fazem uma **révérence**, isto é, um agradecimento, uma sequência curta no centro na qual os homens se curvam e as mulheres fazem uma reverência em agradecimento ao professor e ao músico, se houver um na aula, e para se despedir. A aula de ballet termina com os alunos aplaudindo o professor e o músico.

Relaxamento

Exercícios de relaxamento incluem movimentos lentos e alongamentos que permitem que o corpo e a mente relaxem e recuperem o equilíbrio antes de saírem da sala de dança. Alongar os músculos lentamente aumenta a flexibilidade e ajuda o corpo a se recobrar do esforço da aula. O professor é quem determina quando e se vai incluir o relaxamento na aula. Às vezes ele pode incluir exercícios de alongamento entre a barra e o centro, tanto na barra como no solo. Ele também pode incluir o relaxamento depois do centro, antes ou depois de encerrar oficialmente a aula, quando o corpo ainda está aquecido após a execução das sequências pela sala. Caso o professor decida não incluir os exercícios de relaxamento, depois da aula o próprio aluno pode se alongar individualmente antes de ir embora.

Aprendizado e desempenho no ballet

O ballet é uma atividade física; portanto, seu desempenho exige força muscular, flexibilidade e coordenação. O ballet também é uma intensa atividade mental e intelectual que demanda concentração, foco e atenção aos detalhes. São necessários anos de prática para se desenvolver a habilidade de fazer a leitura do corpo quando ele está imóvel, em movimento ou em relação com os outros corpos que se movem no espaço. Enquanto se movimentam, os dançarinos têm de aplicar rapidamente os conceitos de técnica, etiqueta, princípios do movimento, regras, protocolos e estilo ao mesmo tempo que se debruçam sobre sua própria maestria e personalidade para fazer arte. O lado mental do ballet é tão desafiador quanto os aspectos físicos dessa arte. O aluno não deve desistir quando se deparar com desafios no ballet. Basta lembrar que todos os aspectos do ballet são naturalmente desafiadores e que a dedicação ao estudo e à prática conduzem ao progresso.

Resumo

Nas aulas de ballet, os dançarinos aprendem a se movimentar com fluidez pelo espaço com o passar do tempo. Aprendem a demonstrar que controlam ou desafiam a gravidade enquanto se movem velozmente ou no contraste de seus movimentos ligeiros com a elegância suave das linhas contínuas e das formas que se desenham no espaço. Os dançarinos frequentam as aulas regularmente para refinar e aperfeiçoar a técnica, na tentativa de alcançar um desempenho impecável e uma sofisticada interconexão da dança com a música enquanto continuam em sua busca pela perfeição.

O aprendizado do ballet exige compromisso, perseverança e muita dedicação para que se possa desenvolver excelência pessoal e de performance. Para o dançarino – novato ou profissional –, fazer uma aula de ballet é participar de um ritual arraigado na história e na tradição.

2
Preparação para a aula

Preparar-se para a aula de ballet pode ter inúmeros significados. As regras de vestuário do ballet variam, assim como as aulas. Ao vestir os trajes de dança, o aluno passa por uma transformação externa que o ajuda a entrar no clima da aula de dança – roupas apropriadas, sapatilhas, acessórios, aparência física, tudo faz com que ele pareça um bailarino e se sinta como tal. Ter noção da estrutura das aulas, da tradição e da etiqueta do ballet também o prepara para familiarizar-se com o ambiente da dança. Além disso, a consciência da conexão entre corpo e mente desperta os sentidos, pois, quando se prepara física e mentalmente, o aluno também começa a pensar como um dançarino. Este capítulo apresenta o que é necessário fazer e sobre o que se deve refletir antes de ir para a aula. Parte do conteúdo pauta-se na tradição do ballet, parte se refere às práticas contemporâneas.

Roupas apropriadas para a prática do ballet

As aulas de ballet têm diretrizes específicas de cuidado com a aparência e indumentária para homens e mulheres. O professor geralmente informa essas diretrizes na primeira aula. As roupas dos dançarinos apropriadas para a aula evoluíram ao longo dos séculos e abarcam desde os modelos tradicionais até os mais estilosos. Elas ficam bem ajustadas ao corpo e talvez não sigam o estilo pessoal de cada um nem pareçam tão confortáveis, mas existe uma série de razões pelas quais essas roupas apropriadas devem ser usadas; eis algumas delas:

- Facilitam a movimentação no desempenho dos exercícios e dos passos em toda a amplitude de movimento.
- Revelam a postura e as linhas do corpo nas poses e na movimentação pelo espaço.
- Permitem que o aluno e o professor verifiquem e corrijam os elementos técnicos e estéticos, se necessário.

Ao comprar roupas de dança pela primeira vez, o ideal é comprá-las em uma loja física em vez de comprar *on-line*. As roupas de ballet vêm com uma grande variedade de tecidos, cores e estilos. Algumas podem ser mais atraentes que outras, mas o que deve ser levado em conta na compra é o número de aulas que serão praticadas a cada semana, pois as roupas devem ser lavadas depois da aula. Portanto, se for possível, o ideal é comprar uma roupa para cada aula semanal, de modo que ela seja lavada apenas uma vez por semana.

Roupas apropriadas para a prática do ballet para mulheres

As regras de vestuário para a aula ajudam a escolher as roupas apropriadas para a prática do ballet. A roupa clássica para mulheres é um *collant* preto com uma meia-calça bege ou cor-de-rosa. As versões mais modernas incluem meia-calça e *collant* preto ou um macacão, que deixa o corpo elegantemente mais longilíneo.

As opções de escolha de *collant* são inúmeras, por isso a bailarina precisa saber se vai se sentir mais confortável com um *collant* regata, um de mangas curtas ou um de mangas longas, se prefere um decote canoa ou um decote V para valorizar seu tipo de corpo. Também é importante levar em consideração que, ao dançar durante toda a aula, o corpo vai se aquecer, sendo então interessante verificar se a sala de dança tem ar-condicionado ou janelas que possam ser abertas. Os *collants* geralmente são bem cavados para dar a impressão de que as pernas são mais longas, porém, independentemente do estilo da cava, o ideal é escolher um modelo que cubra bem o quadril.

As meias-calças profissionais são projetadas para resistir aos rigores do ballet. Elas são fabricadas com *nylon*, *spandex* ou tecidos similares, têm a elasticidade adequada, cós elástico e dificilmente escorregam pelo corpo. As meias-calças podem ter a costura na parte de trás ou ser sem costura. Algumas cobrem totalmente os pés, outras são conversíveis (com abertura na planta dos pés). Para vestir as meias-calças de ballet basta seguir o mesmo método usado para vestir meias-calças convencionais: junte as meias, comece a vesti-las pelos dedos dos pés e vá desenrolando-as pernas acima, de modo que fiquem bem ajustadas e confortáveis.

Meias-calças convencionais podem ser uma opção bem tentadora, tanto pela variedade como pelo preço, mas o ideal é investir em meias-calças próprias para dança. Meias-calças convencionais são boas para andar na moda, não para dançar. Elas não foram feitas para serem esticadas do modo como o são com os movimentos dos dançarinos nem para suportar inúmeras lavagens, pois geralmente são finas e também podem ficar folgadas no tornozelo.

A bailarina também tem opções quanto ao que vestir por baixo do *collant*. Um sutiã é essencial para sustentação por causa da atividade física envolvida. O tipo e o modelo devem proporcionar bom suporte, cobertura total e conforto debaixo do *collant*. Muitos *collants* já possuem sutiãs embutidos. Se a sustentação e o corte forem itens decisivos, a bailarina deve vestir o sutiã que planeja usar nas aulas de dança quando for comprar o *collant*. Normalmente, as bailarinas usam a meia-calça

> ### Você sabia?
>
> Na companhia Dance Theatre of Harlem, os dançarinos usam meias-calças cor da pele nos ballets clássicos. Cada dançarino veste uma meia-calça que combina exatamente com seu tom de pele.

sem roupas íntimas, mas quem se sentir mais confortável usando calcinha deve, primeiro, verificar as regras de vestuário para saber se é permitido usar calcinha e, então, escolher um modelo confortável, de cor neutra, que não apareça debaixo da cava do *collant*.

Nas aulas de ballet, as mulheres geralmente usam sapatilhas cor-de-rosa ou bege, em um tom similar ao da meia-calça. Quem preferir usar meia-calça preta deve usar sapatilhas pretas. O professor vai determinar quais são as opções de escolha. Para mais informações, ver mais adiante neste capítulo a seção "Sapatilhas: experimentando e escolhendo".

Penteados

Para o penteado clássico do ballet, todo o cabelo, incluindo-se a franja e as mechas, deve ser retirado da frente do rosto e ser preso na parte de trás da cabeça. O cabelo solto pode interferir no movimento e acertar o rosto do próprio bailarino e de outros colegas. Quem tem cabelo farto ou muito comprido pode tentar trançar um rabo de cavalo antes de prendê-lo com vários grampos ou presilhas na parte de trás da cabeça. Envolver o coque ou a trança com uma rede ajuda a mantê-lo(a) firme antes de fixá-lo(a). Quem tem cabelos curtos pode prender a franja com grampos e usar uma faixa na cabeça. Quem tem cabelos médios pode escolher fazer um rabo de cavalo, envolvê-lo com a rede, prendê-lo com grampos, fazer um coque e fixá-lo com presilhas.

Usar grampos cruzados também ajuda a mantê-los seguros. Perder grampos e ficar pisando neles durante a aula não é agradável tampouco seguro para ninguém na sala, portanto quem é mestre em perdê-los deve escolher grampos grandes ou usar uma presilha. O *spray* garante que o cabelo e quaisquer mechas permaneçam alinhados no penteado.

Bijuterias

Não é recomendável usar bijuterias nas aulas de ballet, sobretudo por questões de segurança, uma vez que elas podem atingir o próprio aluno ou algum colega durante os movimentos. Em piruetas ou saltos, por exemplo, um colar, um bracelete ou um relógio pode acertar o aluno ou algum dançarino que estiver próximo ou enroscar-se na roupa. Brincos grandes e balouçantes também podem enroscar-se na roupa ou no cabelo e se transformar em uma preocupação com a segurança. Brincos delicados, como os de tarraxa ou argolas pequeninas, são mais seguros e, por conseguinte, geralmente são aceitos. Para evitar quaisquer perdas ou danos, é melhor deixar as bijuterias ou joias em casa em vez de guardá-las na bolsa ou no armário da escola.

Roupas apropriadas para a prática do ballet para homens

A roupa clássica para homens é um par de meias-calças pretas com um *collant* preto ou uma camiseta preta ou branca. Dependendo do professor, modelos e cores diferentes podem ser permitidos, mas geralmente camisetas com estampas de logos, mensagens e imagens diversas não são consideradas roupas adequadas para a aula de ballet. O *collant* deve ficar bem ajustado ao corpo e ter elasticidade para atender às demandas dos movimentos de dança. A camiseta deve ter um caimento bem rente ao corpo e ser longa o bastante para que possa ser enfiada na meia-calça. Os *collants* proporcionam uma linha corporal mais harmoniosa, ao passo que as camisetas podem ficar um pouco folgadas. Outra opção é um macacão, que pode ajudar o bailarino a obter uma linha corporal mais longilínea e elegante. Se o bailarino se sentir desconfortável com as roupas de ballet tradicionais, deve conversar com o professor sobre roupas alternativas. Alguns professores permitem que os bailarinos vistam calças de ciclistas ou calças bailarina de jazz para a aula de ballet. As regras de vestuário vão ditar as opções de escolha de roupas apropriadas para a prática do ballet.

As meias-calças masculinas são próprias para se ajustarem ao corpo do homem. Elas são fabricadas com o mesmo tecido das femininas, mas são mais encorpadas e têm um fio mais grosso. Segundo o estilo clássico, o bailarino usa uma meia com pés, mas meias até o tornozelo também são uma opção, e elas também devem subir vários centímetros acima da cintura, de modo que o bailarino possa usar um suporte de dança ou uma faixa elástica grossa e ampla e então dobrar várias vezes a meia-calça sobre o suporte para conseguir um aspecto mais uniforme. Um suporte de tecido, feito com um pano bem resistente e com uma fivela discreta, pode ser ajustado ao tamanho da cintura sem marcar a meia-calça.

O suporte de dança é a roupa íntima do bailarino. Similar ao suporte atlético, o suporte de dança é projetado especificamente para a dança e é vestido debaixo da meia-calça.

Esses alunos estão vestidos adequadamente para a aula de ballet.

Ele é necessário para a sustentação e uma peça fundamental do traje do bailarino, tanto na aula como no palco. Ao trocar de roupa, o bailarino deve vestir primeiro o suporte de dança, depois o *collant* e por último a meia-calça.

Os homens, tradicionalmente, usam meias brancas por cima da meia-calça. Quem preferir usar um macacão preto pode usar tanto meias brancas como pretas, dependendo da cor das sapatilhas e da preferência do professor. Quem usar meia-calça sem pé ou macacões até o tornozelo pode vestir meias ou calçar as sapatilhas com os pés desnudos. No entanto, a última opção talvez não seja muito agradável, pois as meias absorvem a transpiração.

As sapatilhas masculinas podem ser brancas ou pretas, mas bailarinos com uma numeração muito grande talvez tenham de encomendá-las em uma loja de dança especializada. Nesse caso, é importante procurar um vendedor experiente que meça corretamente o tamanho e a largura do pé, pois em geral sapatilhas por encomenda não podem ser devolvidas. Para mais informações, ver mais adiante neste capítulo a seção "Sapatilhas: experimentando e escolhendo".

Independentemente de o aluno ter cabelo curto ou comprido, este não pode ficar sobre o rosto. Alunos com cabelo comprido podem usar uma bandana ou uma faixa para não deixar os fios caírem sobre os olhos; se o cabelo for comprido o bastante para ser amarrado, ele pode ser preso em um rabo de cavalo.

> ### Você sabia?
>
> Ao comprar o primeiro par de sapatilhas, as bailarinas devem experimentá-las vestindo a meia-calça ou, no caso dos bailarinos, as meias que planejam usar nas aulas para terem certeza de que as sapatilhas vão servir direitinho.

Cuidados com os pés

As aulas de ballet sobrecarregam os pés com uma carga intensa de exercício, portanto os pés de dançarinos necessitam de cuidados específicos. Eles sempre devem estar limpos e macios. Quem tiver calos, calosidades ou áreas com fissuras deve fazer escalda--pés e massageá-los regularmente com um creme próprio para a área para ajudar a suavizar a pele. As unhas devem ser aparadas em um comprimento apropriado – longas o bastante para impedir que encravem e curtas o suficiente para evitar desconforto ou que fiquem "pegando" na meia e nas sapatilhas. As unhas devem ser cortadas em formato reto.

Organização dos apetrechos de dança

Para ir à aula e dela voltar carregando roupas, sapatilhas entre outros itens, uma bolsa de dança é essencial. Mas ela vai ficar um tanto pesada se for preenchida com uma série de itens que raramente são necessários ou utilizados, por isso é importante escolher sabiamente aquilo que será de uso indispensável antes e depois da aula. Entre os itens que vale a pena incluir destacam-se:

- Toalha.
- Desodorante.
- Curativos adesivos.
- Alicate ou cortador de unha.
- Alfinetes de segurança.

- Presilhinhas, grampos, elásticos, rede e faixa de cabelo.
- Uma sacola extra para roupas molhadas ou usadas no ensaio.
- Itens de higiene pessoal e uma toalha extra, para quem quiser tomar um banho após a aula.

Depois da aula, fica bem mais fácil jogar as sapatilhas e as roupas suadas na bolsa, fechá-la e ir embora. Se a aula de ballet for de manhã ou se o dia estiver quente, é melhor guardar separadamente as roupas úmidas, as sapatilhas e os demais itens na bolsa. Depois, é preciso retirar as roupas molhadas, colocar as sapatilhas para arejar e deixar a bolsa aberta por algum tempo antes de prepará-la para a próxima aula de dança.

Sapatilhas de meia-ponta: experimentando e escolhendo

As sapatilhas são essenciais para o aprendizado e o desempenho na aula. Elas são o equipamento mais necessário e importante, portanto, escolher a sapatilha correta é fundamental para selecionar um par que sirva perfeitamente. O professor costuma dar sugestões e orientar quais são as sapatilhas mais indicadas. O ideal é comprá-las em uma loja especializada em artigos de dança e com um vendedor experiente, afinal adquirir um par de sapatilhas em uma loja convencional de artigos esportivos não é o mesmo que comprá-las em uma seção dedicada só a sapatilhas em uma loja de dança. Elas são cruciais para o desempenho e também para a segurança.

As sapatilhas precisam servir perfeitamente nos pés, o que é um fator decisivo para a segurança e para a qualidade da performance. Elas são usadas há séculos e sofreram pouquíssimas inovações em sua estrutura para proporcionar mais conforto e flexibilidade. As sapatilhas garantem que os movimentos sejam executados de modo seguro durante toda a aula, além de atuarem no desenvolvimento do arco do pé, da ponta e da flexibilidade no trabalho de pé do ballet. Fora isso, elas também são protagonistas da aparência, já que no ballet os pés são um ponto de muito destaque no corpo do dançarino. Os movimentos do pé iniciam ou finalizam a linha da perna que então se irradia por todo o corpo quando as poses e as demais movimentações do ballet são executadas.

As sapatilhas são leves, macias e podem ser feitas de couro ou de lona. As de couro são mais caras que as de lona, porém são mais duradouras. As cores predominantes são tons de rosa, bege, branco ou preto.[1] As sapatilhas não devem ser usadas fora da sala de aula; elas são feitas exclusivamente para se dançar na sala.

Elas devem cair como luvas nos pés, por isso, no ato da compra, é preciso experimentá-las com a meia-calça que será usada nas aulas. Quem não usa meias, deve experimentá-las com os pés descalços. Geralmente, as sapatilhas são de um a dois números e meio menores que os sapatos do dia a dia.[2] Ao experimentá-las, é preciso ficar em pé e distribuir o peso nos dois pés; os dedos devem ficar retos e rentes ao fim do calçado; cada sapatilha deve ficar firmemente ajustada nas laterais do pé e nos dedos. Se eles estiverem dobrando, a sapatilha está pequena; se parecer que está apertada, mas os dedos estiverem retos, não é preciso se preocupar, pois ela vai ceder e lacear um pouco com o passar das aulas. Se os dedos não estiverem acomodados, é melhor provar um número maior. Ao experimentar a

---

[1] N.C.T.: No Brasil, utilizam-se sapatilhas na cor salmão também.
[2] N.C.T.: No Brasil, não há muita diferença da numeração dos sapatos do dia a dia.

sapatilha, o bailarino deve fazer ponta de pé e *flex* e se, ao se levantar ou ao dar alguns passos, o calcanhar começar a escorregar para fora da sapatilha, talvez seja preciso provar outro tamanho. O calcanhar deve se projetar só um pouco para fora da parte traseira.

As sapatilhas não têm designação de pé direito e pé esquerdo, mas elas se adaptam ao formato dos pés quando são calçadas, por isso é preciso provar cada uma em ambos os pés. Não raro, algumas pessoas têm um pé maior que o outro, sendo então necessário verificar se ambas as sapatilhas ficaram boas antes de comprá-las.

Se por algum motivo for necessário devolver as sapatilhas, elas devem estar no mesmo estado em que se encontravam quando saíram da caixa pela primeira vez. Até que o bailarino ou o professor confirme que elas são adequadas, elas só devem ser provadas com meias e ficar sobre o papel no qual vieram enroladas ou em cima da caixa de sapato para evitar que a sola fique suja no contato com o chão.

Partes da sapatilha

Saber quais são as partes de uma sapatilha (Fig. 2.1) é útil porque ajuda a entender o que deve ser considerado ao comprá-las e também ao ajustá-las nos pés. O material da sola pode ser couro enrijecido ou camurça e geralmente se estende da planta do pé até abaixo do calcanhar. Para os iniciantes, que ainda estão aprendendo a usar os pés, a sola inteiriça deve ser a primeira escolha. Modelos com sola bipartida são uma opção mais apropriada para dançarinos com o pé desenvolvido, mas também pode ser uma questão de preferência do professor.

> ### Você sabia?
>
> Os primeiros bailarinos dançavam com sapatos de salto alto. No século XVIII, as bailarinas removeram os saltos de seus sapatos de dança. Durante boa parte da primeira metade do século XX, as bailarinas usaram fitas amarradas em volta dos tornozelos em vez de elástico.

Independentemente do material, a sapatilha deve ficar bem moldada ao pé, sem saliências ou brechas. Ao redor da abertura da sapatilha, uma bainha encobre um cor-

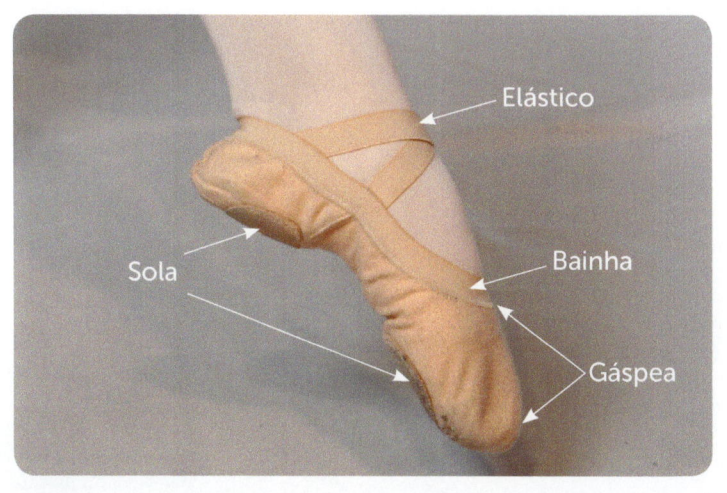

Figura 2.1 Partes da sapatilha de ballet. O modelo é de uma sapatilha com sola bipartida, mas ela também pode ter sola inteiriça.

dão de tecido ou de elástico. A bainha é aberta na parte frontal da sapatilha ou gáspea. O cordão é o mecanismo para apertá-la e ajustá-la ao pé.

Ajuste da sapatilha

Para apertar a sapatilha, é preciso calçá-la e sentar-se de modo que o joelho fique elevado e o pé totalmente apoiado no chão. Outra alternativa é colocar-se de pé e apoiar o pé em um banco. Para apertar o cordão, as extremidades devem ser cruzadas e então levemente empurradas para longe da sapatilha. O cordão não deve ser apertado a ponto de ferir o antepé ou o calcanhar. Uma vez determinada a justa medida, o cordão é amarrado com um nó duplo. Depois o bailarino deve retirar a sapatilha e esticar levemente as extremidades do cordão e enfiá-las dentro da sapatilha. Por razões de segurança, amarrar o cordão com um laço não é recomendável. O laço pode se desfazer e se tornar uma armadilha para um tropeço. Por razões estéticas, o laço "polui" a linha do pé e da sapatilha. Após uma ou duas aulas, é preciso verificar se é necessário apertar os cordões novamente. Os cordões não devem ser ajustados uma única vez e cortados, pois é preciso garantir que será possível afrouxá-los caso necessário. Se os cordões estiverem muito curtos, eles podem acabar se retraindo para dentro da bainha e então será preciso comprar um novo par de sapatilhas. É melhor ser cuidadoso e manter os cordões mais longos até que as sapatilhas se moldem aos pés.

Elástico

Algumas sapatilhas já vêm com uma faixa de elástico costurada no centro da bainha. No entanto, é possível optar por sapatilhas sem elásticos para que eles sejam costurados pelo próprio bailarino. Isso pode parecer um tanto problemático, especialmente para quem não sabe costurar, mas vale a pena fazer um ajuste sob medida. O elástico pode ser costurado ao redor do tornozelo ou na diagonal. As sapatilhas em geral já vêm com o elástico, mas ele também pode ser comprado separadamente. A maioria das lojas de dança possui elásticos coloridos fabricados especialmente na cor das sapatilhas que vendem.

Alunos calçando suas sapatilhas para a aula.

O bailarino tem de escolher se vai usar um elástico ou dois elásticos cruzados no pé para determinar o comprimento que vai precisar comprar.

O método para costurar os elásticos consiste em dividi-los em duas ou em quatro partes iguais, para quem preferir cruzá-los. Cada pedaço de elástico deve ser longo o suficiente para atravessar o peito do pé, perto do tornozelo, e estender-se cerca de dois centímetros abaixo da bainha que reveste o cordão que aperta a sapatilha. Existem duas opções de estilo para costurar os elásticos: faixa única ou faixas cruzadas.

Para o estilo com uma faixa, o elástico deve ser costurado perto do tornozelo (Fig. 2.2). Para achar o local exato em que a faixa deve ser costurada, basta pegar a sapatilha e dobrar para dentro toda a parte de trás, desde o início do calcanhar até a sola e marcar o ponto das dobras. É aí que o elástico deve ser colocado e mantido em um ângulo para a frente a fim de que possa ser costurado firmemente ao redor dos dois lados com fio duplo. É preciso tomar cuidado para costurar apenas o tecido da bainha e o tecido interior da sapatilha.

O estilo com elásticos cruzados (Fig. 2.3) é popular entre bailarinos e bailarinas que têm pés mais finos. Os elásticos se cruzam em diagonal no peito do pé; uma ponta deve ser costurada perto do tornozelo, como no estilo com uma faixa, e a outra extremidade é costurada do lado oposto, mais ou menos no meio do peito do pé. A segunda faixa deve ser fixada do mesmo modo, mas no outro sentido.

Preparação mental e física

Vestir-se para a aula ajuda a conseguir a aparência de um dançarino, porém é apenas parte da preparação para a aula; o aluno também tem de se preparar física e men-

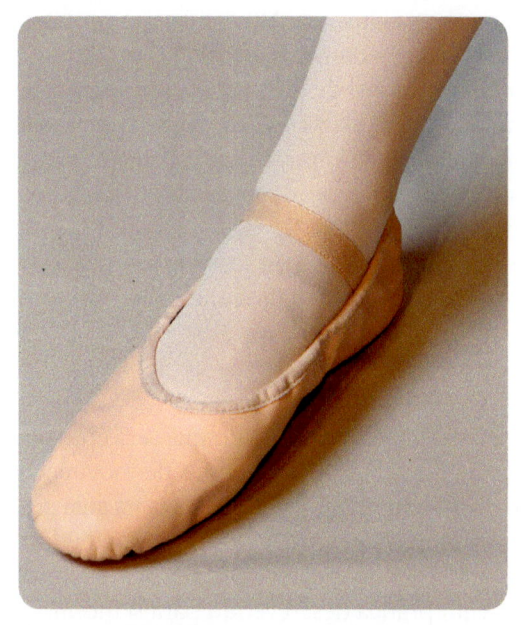 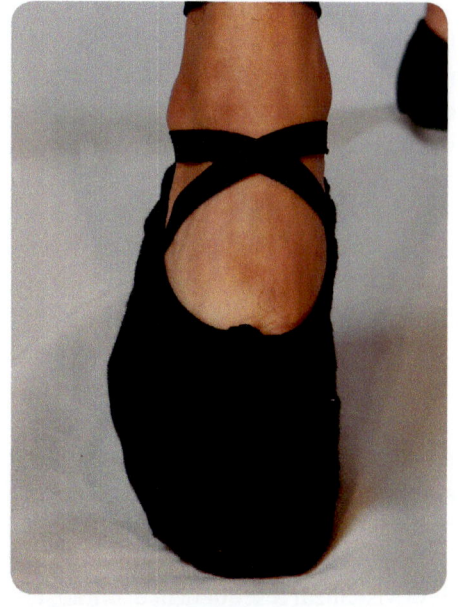

Figura 2.2 Modelo com apenas um elástico.

Figura 2.3 Modelo com elásticos cruzados.

talmente e, para tanto, precisa se dar o tempo devido para a preparação do corpo e da mente para a aula, cultivando o hábito de chegar cedo à aula.

Preparação mental

A experiência plenamente prazerosa da aula de ballet requer o estado de espírito adequado para aprender e reter o conteúdo apresentado na aula. Essa preparação mental começa antes mesmo de entrar na sala; na verdade, ela começa a caminho da aula. O percurso para a aula é uma boa oportunidade para deixar de lado a torrente de informações das aulas de química ou economia. É preciso dar um tempo a si mesmo para fazer a transição e se preparar para o ballet. Trata-se de um momento importante. A mente aberta deixa o aluno em um estado de neutralidade no qual ele consegue se concentrar na experiência e na assimilação de um movimento ou de uma sequência. Essa prática ajuda o dançarino iniciante a desenvolver a memória visual e cinestésica, essencial para o aprendizado da dança.

Alguns dançarinos acreditam que limpar a mente e projetar um único foco é terapêutico mental e fisicamente. Desanuviar a mente afasta os pensamentos de toda a desordem de informações que pode facilmente tomar conta do raciocínio. Inspirar profundamente e expirar algumas vezes para chegar a um estado de neutralidade ajuda o aluno a ficar mais atento e até mesmo mais relaxado ao se preparar para a aula. Chegar na hora e mentalmente preparado, qualquer que seja a aula, é fundamental para aproveitá-la ao máximo. E é um preceito especialmente válido para as aulas de dança.

Memorização de movimentos durante a aula

O estudo do ballet começa com alguns pequenos exercícios e passos. À medida que se progride, o número e a variedade se expandem em diversas sequências mais complexas, por isso é preciso desenvolver a memória de movimento. No começo, o professor faz o movimento junto dos alunos, para que possam acompanhá-lo. Durante a aula, os movimentos devem ser cuidadosamente observados a fim de que os passos e os padrões comecem a ser reconhecidos. Espera-se que o aluno já esteja apto a executar os movimentos por conta própria quando o professor não mais se mover junto dele em algum exercício, passo ou sequência. É preciso resistir à tentação de copiar outro bailarino pelo espelho ou de seguir o dançarino que estiver na frente; em vez disso, é preciso tentar resgatar a sequência na memória. Ao imitar os movimentos de outro dançarino, o aluno deixa de experimentar de seu jeito único o movimento e rouba de si mesmo a oportunidade de desenvolver a própria memória de movimentos.

Relembrando movimentos para a próxima aula

Aquilo que é ensinado em uma aula geralmente se torna a base do que será ensinado na próxima, portanto o aluno deve ser capaz de relembrar as sequências de movimento anteriores. Se os alunos não conseguem desempenhar determinada sequência na aula posterior, o tempo de aula será gasto com a revisão do material e não com novos conteúdos.

Para desenvolver a habilidade de rememorar movimentos, primeiro o bailarino deve visualizar a sequência e, então, colocá-la em prática descrevendo para si mesmo as ações que está executando ou usar os termos de ballet apropriados. Em seguida, deve determinar os movimentos que não estão definidos e praticar as partes que estão faltando. Vídeos e fotos podem ser consultados para ajudar a refrescar a memória quanto a exercícios ou passos específicos.

Se precisar de ajuda, o bailarino pode perguntar sobre o exercício, passo ou sequência a algum colega de classe. Se tiver dúvidas no fim da aula, não deve hesitar em pedir que o professor explique a sequência. É melhor gastar um pouco mais de tempo para aprender o movimento de forma correta do que ter de reaprendê-lo posteriormente. A capacidade de rememorar movimentos é a base da construção da memória visual e está relacionada com atributos físicos como os padrões de observação de movimentos e o desenvolvimento de memória de movimentos.

Preparação física

O corpo precisa estar preparado para cada parte da aula de ballet. Por mais que a sequência da aula seja planejada para progredir logicamente de um exercício para outro, cada corpo é diferente e tem necessidades únicas de preparação. Quem já sofreu alguma lesão no passado deve chegar cedo à aula para aquecer as partes do corpo que precisam de atenção especial. O aquecimento pessoal pode ser feito tanto no chão como na barra. Os músculos só devem ser alongados depois que o corpo estiver aquecido com os exercícios na barra ou então no fim da aula. Os alunos também não devem perambular pela sala e depois jogar a perna na barra mais alta ou fazer uma abertura no chão sem antes fazer um aquecimento apropriado.

Geralmente, nas turmas de faculdades norte-americanas, a aula de ballet termina, e os alunos saem correndo para a próxima aula. As aulas de ballet nas faculdades podem ou não incluir um relaxamento. Se possível, os alunos devem reservar algum tempo para executar movimentos lentos de alongamento no chão ou na barra antes de irem embora, pois isso ajuda o corpo a se recuperar devidamente e, assim, estar mais bem preparado para a próxima aula.

Preparação do corpo e da mente

Nas aulas de ballet, o foco consiste em praticar sequências de movimentos aplicando-se simultaneamente as técnicas e os princípios do ballet. Ao executar múltiplos elementos coordenados no tempo da música, o bailarino se envolve em um processo de autoverificação tanto externo como interno. Portanto, corpo e mente precisam trabalhar juntos, como se fossem um só.

Ganho de percepção espacial

Todo dançarino iniciante deve desenvolver a percepção espacial para localizar o próprio corpo e suas partes no espaço. As direções no ballet são mais complexas do que simplesmente para a frente, para o lado, para trás. As direções do braço e da perna estão diretamente relacionadas com as demais partes do corpo, e o corpo como um todo relaciona-se diretamente com o espaço que o cerca. Além disso, tais relações mudam à medida que o bailarino se movimenta pelo espaço, por isso é primordial desenvolver uma apurada percepção espacial. A percepção espacial também contribui para a percepção da linha corporal.

Observação dos padrões de movimento

Quando o aluno observa com muito interesse os movimentos da aula, consegue reconhecer padrões neles. Depois, executá-los atentamente ajuda a memorizar as sequências de movimento. Um exercício ou um passo pode incluir várias partes. Ao observar o professor, é preciso olhar primeiro o corpo como um todo e então concentrar-se nas partes que estão se movimentando ou nas que não estão.

No ballet para iniciantes, uma sequência de movimentos começa com o dançarino em uma posição específica, com um movimento de braço introdutório seguido por uma série de movimentos de perna. As pernas ficam tanto esticadas como dobradas e se movem em diferentes direções e a alturas distintas. Na barra, na maioria das vezes o dançarino fica no mesmo lugar, executando movimentos de pernas a alturas e em direções diferentes. No centro, os movimentos de perna impelem o dançarino lenta ou rapidamente em diferentes trajetórias pelo espaço ou pelo chão.

Desenvolvimento do sentido cinestésico

Na dança, assim como em outras artes, são usados os cinco sentidos. No entanto, o foco em geral muda rapidamente de um sentido para outro. O **sentido cinestésico** é definido como o sentido dos músculos, dos ossos e das articulações.

A compreensão visual do movimento em um exercício ou passo é essencial para um dançarino iniciante, pois o ajuda a reproduzir o movimento com seu corpo. Em seguida, ele usa o sentido da audição ao reproduzir os movimentos em consonância com o ritmo e com a música. Desenvolver a capacidade de sentir as partes do corpo, bem como a relação delas umas com as outras, é a chave para o sentido cinestésico. À medida que se ganha experiência no ballet, esse sentido é desenvolvido. Para progredir como dançarino, o aluno precisa aprender a transferir a percepção visual da posição correta ou de um movimento para um sentimento interno por meio do qual simplesmente sabe o que está correto. Tais níveis de aprendizado levam tempo, sendo preciso ter um pouco de paciência consigo mesmo e com a própria curva de aprendizado.

Resumo

Preparar-se para a aula de ballet ajuda o aluno em muitos aspectos. Saber quais são as expectativas do professor é um dever. Usar roupas e acessórios apropriados o auxilia a ter a aparência e a sensação de um bailarino. Selecionar sapatilhas bem ajustadas aprimora o desempenho e aumenta o conforto. Preparar-se mental e fisicamente ajuda no aprendizado, na retenção e na melhoria das habilidades da dança. O esforço de investir tempo e energia na preparação vale a pena.

3

Segurança e saúde

O ballet é uma atividade física intensa que demanda atenção à saúde e à segurança. As considerações sobre segurança e saúde abordadas neste capítulo aplicam-se ao ballet e a outras danças, são fatores relacionados a um estilo de vida fisicamente ativo.

As medidas de segurança na sala de dança começam com o próprio aluno, que deve usar sapatilhas e vestir roupas adequadas para praticar a técnica corretamente e aplicar os protocolos do ballet na aula. A segurança pessoal inclui o devido asseio, a consciência do espaço pessoal e a compreensão de quanto as escolhas pautadas em um estilo de vida saudável sustentam a prática de dança. A prática correta da técnica requer um conhecimento básico de anatomia da dança e de cinesiologia, tipos físicos e prevenção de lesões. À medida que o curso de ballet progride, as aulas se desenvolvem em um ritmo cada vez mais acelerado, com mais informação para absorver.

Para manter-se em segurança, o bailarino precisa ter consciência do modo como se move e onde se movimenta no espaço. Tal mentalidade é ainda mais útil conforme o aluno se torna mais responsável por seu trabalho em sala de aula. Nutrir-se e hidratar-se devidamente é necessário para se atingir a excelência no desempenho na aula e para se recuperar rapidamente no pós-aula.

Por mais que o professor possa ajudar com relação aos aspectos de segurança durante a aula, manter o próprio corpo seguro é, em última instância, responsabilidade do aluno.

Segurança na sala de dança

As salas de dança localizam-se nos mais diversos lugares, como escolas de dança, escolas de ensino médio e *campi* de universidades, principalmente norte-americanas, e se configuram dos mais variados modos. Por exemplo, às vezes os vestiários com os armários ficam ao lado da sala, às vezes ficam mais distantes. Uma série de elementos contribui para os aspectos gerais de segurança na sala.

Escolas de dança são locais movimentados com um fluxo grande de pessoas entre as aulas e, por questões de segurança e também para proteger os pertences pessoais, é preciso estar sempre atento ao que acontece ao redor. O aluno precisa conhecer as rotas de evacuação que deve seguir se estiver na sala, nos vestiários ou em outra parte do prédio para saber aonde ir se acontecer alguma emergência.

Armazenamento e equipamentos

Antes de começar, é preciso certificar-se de que o espaço está livre de quaisquer itens que não sejam necessários à aula. Se a sala tem barras portáteis que são usadas durante a aula, elas devem ficar na lateral para não interferirem na entrada ou na saída dos grupos durante a execução de sequências no meio da sala ou na movimentação pelo espaço. Se os alunos tiverem permissão para levar as bolsas consigo à sala, não devem deixá-las no meio do caminho ou em espaços que são usados para as atividades da aula.

Controle da temperatura

A temperatura da sala afeta a saúde e a qualidade da aula. Quando um grupo com um número grande de pessoas se movimenta no mesmo espaço, a temperatura aumenta. Ventilação natural, ar-condicionado ou ventiladores impedem que a sala se torne um lugar sufocante ou com ar parado e ajudam a evitar o superaquecimento.

Pisos

Existe uma grande variedade de materiais que podem ser usados no piso das salas de dança, desde revestimentos de madeira até pisos vinílicos. O piso deve estar sempre limpo e sem resíduos de produtos de limpeza que possam deixá-lo grudento ou escorregadio. O piso escorregadio é um problema para o bailarino se movimentar ou mudar a direção durante a execução de sequências. Outro aspecto que interfere diretamente no piso é a condição da sola dos sapatos. Os alunos não devem andar pela sala usando sapatos convencionais e só devem calçar as sapatilhas quando já estiverem dentro da sala ou em espaços similares. Antes de entrar na sala, é preciso verificar se as solas das sapatilhas estão limpas e secas para evitar escorregões durante a movimentação e garantir o atrito necessário nas aterrissagens.

Segurança pessoal

A aula de ballet é uma atividade física vigorosa com muitos alunos cujos corpos estão se movimentando pelo espaço, às vezes com bastante rapidez, portanto, é preciso garantir a segurança pessoal assim como a segurança das demais pessoas presentes na sala.

A segurança pessoal começa com a higiene pessoal e com o vestuário para a aula de ballet, o que inclui roupas adequadas e o uso de sapatilhas devidamente ajustadas (ver Cap. 2). As roupas não devem ficar muito folgadas, e as sapatilhas devem servir tanto na largura

> ### Dica de segurança
>
> Para limpar as sapatilhas, basta esfregar as solas com um lenço umedecido. Depois é só deixá-las arejando até secarem antes de guardá-las na bolsa de dança.

como no tamanho, pois sapatilhas grandes são um convite a tropeços por causa da ponta sobressalente. Os cordões devem sempre ser enfiados nas sapatilhas depois que elas forem apertadas, já que amarrá-las com laços é potencialmente inseguro dada a possibilidade de eles ficarem frouxos. Conforme discutido no Capítulo 2, usar bijuterias pequenas, ou não usá-las, é a alternativa mais recomendável, pois elas podem machucar o próprio aluno e também os outros durante os movimentos. Mulheres de cabelos compridos devem prendê-los em um coque ou com presilha, pois mesmo uma trança ou um rabo de cavalo podem atingir as outras pessoas enquanto a bailarina se move.

Espaço pessoal

Compreender a necessidade do **espaço pessoal** nas diferentes partes da aula é crucial para a segurança e o aproveitamento da aula por parte do bailarino e também por parte dos demais alunos. O espaço pessoal deve acomodar as extensões corporais, dos membros superiores e inferiores do bailarino sem que ele invada o espaço alheio, independentemente de estar parado em um lugar específico ou estar se movimentando pela sala. O espaço geral da sala é compartilhado com outros bailarinos que também estão se movimentando, individualmente ou em grupos, na barra e no centro.

Dançarinos espalhados em seus respectivos espaços durante a parte da aula no centro.

Atividade

Demarcação do espaço pessoal

O bailarino deve posicionar-se em um local em que seus movimentos não sejam bloqueados e estender os braços acima da cabeça, depois para os lados do corpo. Em seguida, deve elevar a perna à frente, ao lado e depois atrás. Por fim, deve girar em seu eixo. Assim, terá delineado um espaço mais ou menos esférico, que é o espaço de que vai necessitar quando for executar movimentos que são realizados no mesmo lugar. O bailarino deve se imaginar dentro dessa esfera ao pensar em sua relação espacial com os demais alunos durante a execução de padrões de movimentos para o lado, para a frente e para trás, no meio da sala ou em exercícios em duplas ou em trios que atravessem a sala em fila ou na diagonal.

Se os alunos não se preocuparem com seu próprio espaço pessoal e com o espaço dos demais colegas na sala, a probabilidade de se chocarem uns contra os outros aumenta; basta imaginar uma turma de trinta pessoas se movendo vigorosamente perto umas das outras: braços e pernas se movimentando e corpos girando podem rapidamente provocar uma colisão. Tal situação pode ser agravada com o uso de bijuterias. Mesmo em grupos menores, ou em movimentações pelo solo, o aluno precisa ficar atento o tempo todo a seu espaço pessoal e a sua relação com as demais pessoas, para evitar qualquer contato físico indesejado e possíveis lesões.

Informações pessoais de saúde

Informações pessoais de saúde são apenas informações pessoais. Se o aluno já sofreu alguma lesão, fez alguma cirurgia, ou se tiver algum problema de saúde crônico que possa afetar seu desempenho físico na aula ou comprometer a saúde dos colegas, ele não é obrigado a contar isso para todo mundo, mas deve informar o professor. Por uma questão de privacidade, os professores normalmente incentivam os alunos a conversar com eles após a aula, pois precisam saber de quaisquer distúrbios ou doenças crônicas, como asma, diabetes ou epilepsia, para que possam estar preparados em caso de emergência.

A prática contínua das regras de segurança ajuda o aluno a se manter seguro e a ficar mais confiante, pois, à medida que se torna mais consciente da movimentação em um espaço compartilhado com outros dançarinos, ele consegue identificar e prevenir situações arriscadas em sala de aula. Por sua vez, tal mentalidade contribui para o desenvolvimento de uma atitude profissional de dançarino.

Anatomia básica e cinesiologia

A compreensão do funcionamento e da anatomia básica dos ossos, das articulações e dos músculos é o pilar da saúde e da segurança na dança. O corpo é o instrumento de um dançarino, e o movimento é seu meio de propagação. Ter fundamentos de anatomia e de cinesiologia ajuda o bailarino a ganhar um entendimento mais aprofundado da técnica de ballet de dentro para fora e de fora para dentro. Essa sinergia entre conhecimento corporal e conhecimento técnico é o que sustenta uma prática de dança saudável, forte e segura.

Anatomia

A anatomia é o estudo da estrutura e das funções do corpo, incluindo-se ossos, músculos e articulações. Os ossos proporcionam sustentação ao corpo e também atuam como alavancas. Os músculos se conectam entre si por meio de ligamentos, os músculos esqueléticos movimentam os ossos, e os ligamentos estabilizam as articulações onde ocorrem os movimentos.

Ossos

O corpo humano adulto possui 206 ossos, dos mais variados formatos e tamanhos. Além de participar da movimentação do corpo, eles protegem órgãos vitais, produzem células sanguíneas e armazenam nutrientes. O alinhamento dos ossos do esqueleto e o posicionamento da coluna vertebral, dos braços e das pernas são cruciais para entender o modo como o movimento se irradia por meio dos músculos e das articulações. O alinhamento é um dos princípios de movimento que alicerçam o ballet, cuja postura clássica depende do alinhamento do esqueleto e do posicionamento da coluna, da cabeça, dos membros superiores e dos inferiores.

Músculos esqueléticos

Os músculos esqueléticos movimentam o esqueleto. Eles se contraem ou se encurtam, para mover os ossos nas articulações e se ligam aos ossos pelos tendões. Existem quatro tipos de músculos esqueléticos:

1. *Agonistas*: contraem-se para produzir movimento.
2. *Antagonistas*: relaxam ou se alongam enquanto os agonistas se movimentam.
3. *Sinergistas*: auxiliam tanto no controle como na neutralização do movimento.
4. *Fixadores*: prendem músculos específicos para sustentar outros movimentos.

Todos os tipos de músculos esqueléticos atuam na geração de formas, na estabilidade e no movimento do corpo do dançarino.

Articulações

Uma articulação é o ponto em que dois ou mais ossos se unem. Os ossos se ligam uns aos outros por ligamentos. O corpo possui três tipos principais de articulações:

1. *Articulações em bola e soquete*, como a do quadril ou a do ombro.
2. *Gínglimos ou articulações em dobradiça*, como as do joelho.
3. *Articulações deslizantes*, como as que estão entre as vértebras e as costelas, as quais têm capacidade reduzida de movimento.
4. *Articulação selar*, como a da base do polegar.
5. *Articulações em pivô*, como as que estão entre a porção superior dos ossos do antebraço.
6. *Articulações condiloides*, como as do punho.

As funções das articulações incluem uma variedade de movimentos, como os seguintes:

- *Flexão* (dobrar) e *extensão* (estender).
- *Abdução* (movimentos distantes da linha mediana do corpo) e *adução* (movimentos em direção à linha mediana do corpo).
- *Rotação lateral* ou *externa* (girando para fora) e *rotação medial* ou *interna* (girando para dentro).
- *Flexão plantar* (pé em ponta) e *dorsiflexão* (pé em *flex*).

A Tabela 3.1 proporciona um resumo das funções das articulações e exemplos dos movimentos a elas associados.

Tabela 3.1 Ações articulares

Ação	Movimento	Exemplo
Flexão	Articulação dobrada	Flexão do quadril: parte dianteira do quadril dobrada em *grand battement devant*
Extensão	Articulação estendida	Cotovelo estendido durante o exercício de flexão de braços
Abdução	Distanciamento da linha mediana do corpo	Braços *à la seconde*: braços se movem da lateral do corpo até a segunda posição
Adução	Em direção à linha mediana do corpo	*Assemblé*: pernas unidas
Rotação lateral	Girar para fora	*En dehors* do quadril para um *grand plié* em segunda posição
Rotação medial	Girar para dentro	Articulação do ombro girada medialmente para posicionar a mão no quadril
Flexão plantar	Pé em ponta	Extensão da perna e do pé esticado no *battement tendu* ou *dégagé*
Dorsiflexão	Pé em *flex*	Movimento de aproximação do dorso do pé e da parte anterior da perna

Adaptado, com autorização, de J. G. Haas, 2010, Dance anatomy (Champaign, IL: Human Kinetics), 3 [Edição brasileira: *Anatomia da dança*. Barueri: Manole, 2011.]

En dehors

O *en dehors* é uma marca registrada da técnica de ballet. Nas aulas para iniciantes, os dançarinos começam com seu *en dehors* natural, o que dá aproximadamente 90 graus; cada pé aberto a 45 graus aproximadamente. A rotação lateral, isto é, externa, das pernas e dos pés começa na articulação do quadril. A patela deve estar diretamente alinhada com o pé, e o joelho deve recair sobre o segundo e o terceiro dedos. O tornozelo deve estar perpendicular ao solo de modo que o pé não incline para dentro nem para fora.

À medida que o controle das pernas e dos pés vai melhorando e eles ganham força, o *en dehors* pode aumentar naturalmente. No entanto, essa mudança leva tempo. Para manter o corpo em segurança, o grau do *en dehors* não deve ser forçado para além do natural. Forçar o *en dehors* para além da rotação lateral do quadril do dançarino pode acarretar diversos tipos de lesão dependendo do local em que a força é aplicada. Se os pés são submetidos a uma posição que está além da rotação da articulação do quadril, eles ficam em pronação (virados para dentro) e forçam os joelhos a se mover para a frente dos pés. Isso, por sua vez, pode fazer a pelve se inclinar para trás, em vez de ficar perpendicular ao solo, ou ser projetada adiante do alinhamento adequado. Portanto, forçar o *en dehors* pode provocar problemas nos pés, nos joelhos e na pelve com o passar do tempo. É preciso esforçar-se para desenvolver o *en dehors* corretamente e, assim, contribuir para uma prática de dança segura e livre de lesões.

Atributos físicos

Durante os primeiros dias de aula, o professor observa cada aluno para verificar os tipos físicos, as variações de joelho e diferenças no pé. Conhecer os próprios atributos físicos pode ajudar o bailarino a determinar como se movimentar em segurança enquanto põe em prática uma boa técnica.

Todos os dançarinos – mesmo os profissionais – têm as mais diversas diferenças corporais de formato e tamanho entre si. O corpo de um dançarino pode ser alto e esguio, baixo e atarracado, ou algo no meio-termo. Cada tipo corporal tem fatores positivos e suas restrições inerentes.

Tipos físicos

Dançarinos com um tipo corporal ectomorfo têm membros longos e figuras delgadas, são flexíveis e conseguem se movimentar com facilidade. Para equilibrar suas capacidades naturais, eles devem se engajar em atividades para alcançar força e resistência.

Dançarinos com um tipo corporal mesomorfo têm porte atlético, que é musculoso e compacto e possui altos níveis de força e resistência. Esses dançarinos sobressaem em saltos vigorosos e movimentos aéreos altos, mas devem trabalhar constantemente para aumentar a flexibilidade.

Dançarinos com um tipo corporal endomorfo têm um formato arredondado, movem-se rapidamente e possuem força e flexibilidade. Eles devem trabalhar arduamente para controlar o peso corporal e aumentar a resistência.

Por mais que essas descrições apresentem as características gerais de cada tipo corporal, o corpo das pessoas normalmente é uma combinação desses tipos. As proporções corporais do tronco e o comprimento da perna também devem ser considerados. No ballet clássico, um corpo cujo tronco é curto e as pernas são longas é mais flexível e tem mais facilidade para executar extensões de perna, ao passo que um corpo de tronco comprido e pernas curtas tem mais dificuldade para realizar essas extensões. Não obstante, independentemente do tipo físico, qualquer pessoa pode desfrutar dos benefícios do ballet.

Alterações nos joelhos

As articulações do joelho geralmente determinam um dos dois formatos das pernas: curvadas para dentro (joelho valgo) ou curvadas para fora (joelho varo). Dançarinos que têm **joelho varo** possuem um espaço entre os joelhos quando ficam em pé com a parte interior dos pés unida. Trata-se de uma condição mais predominante entre homens do que entre mulheres. Dançarinos com esse tipo de joelho são fortes e sobressaem nos saltos, mas frequentemente têm menos flexibilidade e seus pés inclinam para fora (supinação) com o peso do corpo. O dançarino precisa ajustar o desalinhamento para reduzir o risco de lesão na parte interior do joelho.

Joelhos valgos são imediatamente reconhecidos quando o bailarino fica em pé com os calcanhares unidos e as pernas giradas lateralmente. Os joelhos se tocam, e as panturrilhas também, ou quase, e o peso corporal transfere-se para os calcanhares. Dançarinos com esse tipo de joelho são flexíveis, e seus pés normalmente têm um arco mais pronunciado, entretanto precisam trabalhar para ganhar velocidade e altura nos saltos.

Com ambos os tipos de joelho ocorre a **hiperextensão,** porque, à medida que os joelhos são pressionados para trás, os ligamentos posteriores dos joelhos se alongam permanentemente. Como resultado, os bailarinos colocam o peso do corpo nos calcanhares, o que afeta o ganho de velocidade e a altitude nos saltos. O nível de hiperextensão pode ser considerado tanto um atributo positivo como negativo. A hiperextensão total desempenha um papel crucial no alinhamento corporal, pois desencadeia um efeito cascata de ajustes que se efetuam automaticamente para manter o corpo na vertical. Entre as características da hiperextensão destacam-se:

- A cabeça para a frente.
- Os ombros para trás.
- As costelas projetadas para a frente.
- Os quadris para trás e a região lombar da coluna vertebral arqueada (lordose).

Quando o corpo e seus membros são realinhados conscientemente em relação às variações do joelho, o movimento flui de modo mais eficiente.

Alterações nos pés

Os pés podem ter os mais variados formatos e tamanhos, tais como comprido e delgado ou curto e compacto. O arco pode ser alto, com o peito do pé proeminente, médio ou baixo, isto é, pé chato (pé plano). O arco plantar contribui para a flexibilidade e a articulação do pé na medida em que ele se move de uma posição em que está totalmente apoiado no chão para uma em que apenas a ponta fica no chão ou em uma posição aérea.

Os pés são um dos principais focos do ballet, pois são eles que criam o pilar de sustentação do corpo durante as posições, além de executar os exercícios e os passos. A correta colocação dos pés é o fundamento de uma técnica apurada e da prevenção de lesões. O modo como os pés são usados contribui para a qualidade estética da dança porque dá continuidade à linha da perna.

Prevenção e tratamento de lesões comuns na dança

Assim como em qualquer outro esporte ou atividade física, a dança tem lesões específicas. Quando o corpo realiza movimentos vigorosos e precisos que talvez nunca tenha realizado antes, pode acabar ficando vulnerável a lesões. As lesões mais comuns em uma aula de ballet são bolhas, distensões e torções.

Bolhas

As bolhas são resultado de sapatilhas que podem estar muito apertadas ou friccionando o calcanhar ou algum dos dedos. Elas podem infeccionar, sendo então preciso seguir todos os passos para preveni-las e tratá-las. Antes de entrar na sala, o bailarino deve certificar-se de que suas sapatilhas estão apertadas, mas confortavelmente ajustadas, além de conferir se as costuras da meia-calça e os cordões enfiados na sapatilha estão confortáveis e não estão friccionando a pele. Se surgir uma bolha, ela não deve ser estourada ou descascada; é preciso manter a pele sobre ela. Manter os pés limpos ajuda a evitar que a área infeccione. Durante a aula, a bolha deve ser protegida por um curativo adesivo acolchoado para evitar irritação. A exposição ao ar acelera a cicatrização, logo, fora da aula, é necessário usar calçados que deixem os pés arejados, e à noite a bolha também deve ficar descoberta.

Distensões

Distensões são lesões aos músculos ou aos tendões, que conectam o músculo ao osso. Trata-se de lesões bem comuns na dança, assim como em qualquer atividade física. Se o aluno nunca usou determinado grupo muscular ou determinadas partes do corpo especificamente para o movimento que está aprendendo na aula de ballet, ou se fez uma aula de dança já há muito tempo, ele deve se preparar para ficar com o corpo um pouco dolorido.

Para evitar distensões durante o aprendizado e a prática de novos exercícios e passos, o aluno deve executar os movimentos dentro de sua própria amplitude e saber a hora de parar. Fazer exercícios muito extenuantes ou muitas repetições é a lógica do ditado "sem dor, sem ganho". Entretanto, uma estratégia melhor é aumentar paulatinamente o número de repetições e a intensidade para se obter ganhos com menos dor e com mais longevidade. Alunos iniciantes executam a maior parte das extensões de perna a 45 graus ou menos e podem estabelecer as extensões a 90 graus como um objetivo de longo prazo, mas não devem começar daí. O ideal é começar com um movimento menos intenso e elevá-lo gradualmente, à medida que se ganha força, flexibilidade e controle na execução.

Torções

A torção do tornozelo é a lesão mais comum do ballet. Trata-se de uma lesão no ligamento, que conecta um osso a outro. Aterrissar incorretamente de um salto sobre o pé pode provocar uma torção, por isso é preciso ficar muito atento às técnicas adequadas de aterrissagem e ao alinhamento do corpo na execução de um salto. As torções podem ter os mais diversos níveis de gravidade, mas são mais severas que as distensões e podem ocorrer de novo se não forem devidamente tratadas. É comum que a área afetada em uma torção fique inchada e com hematomas. Para determinar a gravidade bem como as opções de tratamento e o tempo necessário para se recuperar de uma torção, é preciso consultar um médico.

Aplicação do método PRICE

Um tratamento comum para lesões dos tecidos moles relacionadas com a atividade física, como distensões e torções, é o método **PRICE** – proteção, repouso, gelo (*ice*), compressão, elevação (e diagnóstico). Ele pode ser prescrito pelo médico, ou o próprio aluno pode utilizá-lo por conta própria mesmo se tiver sofrido uma lesão menos severa. Trata-se de um método que pode ser útil na cicatrização e também na determinação da gravidade da lesão. O método PRICE deve ser aplicado conforme descrito a seguir:

- *Proteção*. Afastar-se de situações que ofereçam risco.
- *Repouso*. Não dançar até que a lesão esteja devidamente curada. O aluno precisa ficar em repouso para se recuperar antes de poder voltar à dança. Se sentir dores intensas durante o período de repouso, deve procurar um médico.
- *Gelo*. Para reduzir o inchaço, que é desconfortável e pode atrasar o processo de cura, uma bolsa de gelo pode ser colocada sobre a área da lesão várias vezes ao dia. O gelo deve ficar sobre a lesão por cerca de 20 minutos, então deve ser retirado por mais 20 minutos antes de ser utilizado novamente.
- *Compressão*. Comprimir a área lesionada com uma atadura elástica ajuda a reduzir o inchaço, mas comprimir não significa que é necessário apertar a área tanto quanto possível. Se a região começar a latejar, é preciso soltar a atadura e enrolá-la novamente mais folgada.
- *Elevação*. Elevar a área lesionada acima do nível do coração ajuda a reduzir o inchaço.
- *Diagnóstico*. Se a lesão parecer grave, é preciso procurar um profissional da área da saúde.

Adaptado de International Association for Dance Medicine and Science, 2010, *First aid for dancers*.

Aquecimento e alongamento

Além de executar corretamente as técnicas de ballet, aquecer-se e alongar-se apropriadamente ajuda a prevenir lesões na aula. Dependendo das preferências do professor e das restrições de tempo, algumas aulas de ballet incluem um aquecimento pré-barra e outras não. Fazer o próprio aquecimento permite que o aluno tenha tempo para limpar a mente a fim de que possa concentrar-se na aula. Quando a mente está concentrada na tarefa que tem à sua frente, a probabilidade de acidentes é menor. Quem já sofreu alguma lesão talvez sinta necessidade de um aquecimento adicional antes da barra, pois a área afetada requer atenção extra. Ou, talvez, queira aquecer-se porque a temperatura externa está extremamente baixa e o aluno quer preparar o corpo com segurança para a aula; músculos frios são mais propensos a lesões. Além disso, o aluno também pode querer alongar os músculos para melhorar a flexibilidade.

A flexibilidade é uma característica desejável para conseguir linhas bonitas no ballet, mas também é um meio de manter o corpo seguro, pois ela aumenta a amplitude de movimento, reduzindo as distensões nas articulações na execução dos movimentos de dança. Algumas pessoas são naturalmente flexíveis, ao passo que outras precisam se empenhar para desenvolver ou manter a flexibilidade.

O professor pode ajudar o aluno a criar um programa de aquecimento e alongamento personalizado, ou ele mesmo pode desenvolver um com base no que aprendeu

Alunos fazendo seus próprios exercícios de alongamento como parte do aquecimento para a aula de ballet.

nas aulas. Em geral, o aquecimento deve ser iniciado com movimentos simples dos quadris, dos tornozelos, dos pés e, em seguida, das pernas, da coluna e do tronco. Melhorar a flexibilidade melhora a amplitude de movimento gradualmente a cada alongamento. Um lembrete: o ditado "sem dor, sem ganho" não se aplica ao alongamento. Muito ao contrário: é preciso ficar atento aos sinais do corpo e reconhecer a diferença entre desconforto e dor para saber quando parar.

A base de um bom alongamento é o posicionamento correto do corpo, o alinhamento dos membros superiores e inferiores e o *en dehors*, se ele for trabalhado no alongamento. Assim como ocorre com as posições e os passos, os alongamentos do ballet também são realizados de acordo com as direções do corpo em relação aos pontos de referência anatômicos pessoais. Basear-se em tais coordenadas direcionais ajuda a extrair o máximo do alongamento, que, no ballet, é um movimento contínuo, não balístico. Movimentos balísticos desencadeiam o reflexo do alongamento, que pode contrair o músculo em vez de alongá-lo. Ao executar qualquer sequência de alongamento, é preciso que o movimento seja acompanhado pela respiração para potencializar e aprofundar o efeito do alongamento.

Entendendo o condicionamento físico da dança

O ballet é uma forma de arte e uma atividade física que requer não só condicionamento físico, mas também mental. Os movimentos executados nas aulas elevam a temperatura corporal, e a atividade física entra em cena; enquanto o corpo trabalha, a mente se prepara para os próximos movimentos, solucionando problemas ou relembrando informações espaciais e cinestésicas recentes durante a ação, além de reter a memória do movimento para que o aluno possa revisá-lo e analisá-lo a fim de preparar-se para a próxima aula. Compreender a relação entre ballet e condicionamento auxilia o bailarino a aprimorar seu desempenho e seu estilo de vida de uma forma saudável.

Princípios do condicionamento físico

Os princípios utilizados no condicionamento e nos esportes também se aplicam à dança. O **princípio FITT** – **f**requência, **i**ntensidade, **t**empo e **t**ipo de atividade – e o **princípio da sobrecarga** podem ajudar no desenvolvimento de um programa de exercícios apropriado que progrida de maneira segura. Ambos estão descritos a seguir:

- *Frequência.* Na maioria das universidades norte-americanas, há várias aulas de ballet por semana, geralmente dia sim, dia não. O dia ou o intervalo entre as aulas permite que o corpo descanse e se recupere antes de ser submetido ao mesmo tipo de atividade intensa.
- *Intensidade.* Esse termo refere-se a quanto o aluno se dedicou aos exercícios durante o período de atividade física. À medida que o curso de ballet progride, a quantidade e a complexidade dos movimentos aumentam e elevam o nível de intensidade.
- *Tempo.* A duração de cada aula não varia, mas o período de atividade efetiva durante a aula, bem como o tempo dedicado à prática fora da sala de aula, pode variar.
- *Tipo.* As aulas de ballet incluem tanto atividades aeróbias e anaeróbias como exercícios de fortalecimento muscular e trabalhos de flexibilidade.
- *Sobrecarga.* A proposta desse princípio é direcionar a atividade a um grupo muscular em um nível acima do que já foi trabalhado até então, com o objetivo de ganhar força. O corpo se adapta para responder às demandas mais difíceis; dependendo do tipo, a sobrecarga aumenta a força, a resistência ou ambas.

Esses princípios atuam em conjunto na aula de dança. A frequência, a intensidade, o tempo e o tipo de exercício influenciam a maneira como o corpo é sobrecarregado. O corpo precisa de tempo para desenvolver melhoras graduais na força e na resistência. Além de frequentar as aulas com regularidade, dançarinos sérios contam com opções adicionais de condicionamento para sustentar e ampliar o que desenvolvem em aula. Um velho ditado "se você não usar, você perde" se aplica ao ato de dançar e ao condicionamento físico como pilar da dança. O dançarino é um atleta que tem em seu corpo o instrumento para atender às demandas físicas e expressar o movimento com arte.

Considerações sobre força e condicionamento

Todo dançarino precisa de um *core* forte para potencializar o trabalho que desenvolve com o ballet. Ocasionalmente, em vez de alongar entre a barra e o centro, os dançarinos fazem flexões, abdominais e outros exercícios de força e flexibilidade. Fora da aula de ballet, os exercícios de pilates concentram-se no fortalecimento do *core* ao mesmo tempo que mantêm o alinhamento do corpo adequado; além disso, o treinamento com pesos aumenta a força muscular e favorece a reabilitação após uma lesão.

A prática desses e de outros tipos de atividade melhora a saúde como um todo, aprimora o desempenho na dança e evita ou recupera lesões.

Nutrição, hidratação e repouso

Durante a aula de dança, o bailarino usa energia para abastecer os músculos, e a temperatura do corpo se eleva, provocando a transpiração. Uma nutrição adequada e o consumo de água antes, ao longo e depois da aula ajudam a manter o corpo no ápice de suas condições e a reabastecê-lo para que possa atingir a excelência e depois se recuperar. Além de uma boa nutrição e hidratação, o repouso também é necessário para o preparo físico e para recuperar-se de atividades de movimentos vigorosos, bem como para concentrar-se nos desafios mentais associados ao ballet.

Você sabia?

Reflita sobre o que você bebe. Bebidas à base de café, refrigerantes, álcool e bebidas com muito açúcar podem ser tentadores, mas têm pouco ou nenhum valor nutricional e podem até provocar desidratação. Beber água no lugar de uma ou mais dessas bebidas ao longo do dia, além de reidratar, vai diminuir o número de calorias vazias consumidas.

Nutrição

Dançarinos, do mesmo modo que não dançarinos, devem seguir uma dieta que forneça níveis adequados de energia ao longo de todo o dia para uma saúde integral. Uma dieta balanceada, rica em frutas e vegetais, e que inclua proteínas, carboidratos complexos e fibras ajuda a sustentar e manter o bailarino apto para o trabalho da aula.

O ideal é fazer seis pequenas refeições por dia em vez de três refeições grandes para sentir-se satisfeito, mas não completamente farto. Refeições pequenas, porém mais frequentes, garantem um suprimento contínuo de energia e evitam aquela sensação de lerdeza durante a aula. O café da manhã nunca deve ser pulado; ele é o combustível para começar o dia. Todas as refeições devem ter uma fonte de proteína, um grão integral, uma gordura saudável, frutas e vegetais. Lanchinhos saudáveis devem estar sempre à mão para repor as energias perdidas na aula de ballet. Para driblar a vontade, que todos enfrentam, de comer bobagens à noite, pode-se comer uma fruta, um cereal integral ou pipoca em vez de *cookies*, doces e coisas semelhantes, que só possuem calorias vazias.

Revistas, *sites* e programas de saúde e bem-estar podem oferecer mais informações sobre nutrição para dançarinos e para uma vida saudável.

Hidratação

Uma hidratação adequada é essencial antes, ao longo e depois da aula de dança e durante todo o dia. A intensidade da aula de ballet pode causar muita perda de líquido pela transpiração, por isso o aluno deve beber água antes e depois. Durante a aula, deve beber pequenos goles, mas depois pode consumir quantidades generosas. Quem preferir tomar uma bebida esportiva para se reidratar deve bebê-la só depois da aula, não durante a aula. Consumir bebidas açucaradas durante o exercício pode causar cólicas intestinais.

Repouso

Para se preparar para a aula de ballet, o aluno precisa estar bem descansado. Aliado à nutrição e à hidratação apropriadas, o repouso adequado contribui para a recuperação e a revitalização do corpo. Quando sobrecarregados, os músculos precisam descansar para que possam se regenerar. A mente também precisa de descanso para trabalhar com todo o seu potencial. Quem não repousa o suficiente torna-se menos alerta e mais propenso a sofrer acidentes. Quem tem insônia ou não consegue dormir porque está ansioso demais deve aprender técnicas de relaxamento e ajustar o ritmo durante o dia, a fim de que corpo e mente tenham tempo para descansar.

Resumo

Concentrar-se na segurança e na saúde ajuda o aluno a se preparar física e mentalmente para os rigores da aula de ballet. Saber quais são as lesões mais comuns na dança é um modo de preveni-las e tratá-las. Ter conhecimentos básicos de anatomia e de cinesiologia, dos princípios do condicionamento e de cuidados com o corpo é o caminho para uma nova percepção física e das demandas da dança, além de fornecer subsídios a respeito do que é preciso ser feito para transformar o ballet em uma experiência segura e saudável.

4

Técnica de ballet – aprendizado e execução

O aprendizado e a execução do ballet apresentam desafios físicos e intelectuais; trata-se da experiência corpo-mente em seu mais elevado grau. O aluno precisa ir para a aula com a mente aberta e o corpo em estado de prontidão, deve usar suas habilidades de observação para ver e ouvir os movimentos que o professor apresenta. E, à medida que executa os movimentos, deve monitorar o grau de excelência de compreensão e de aptidão para replicar os movimentos na música, utilizando técnicas e qualidades apropriadas. Não se conquistam tais habilidades na primeira semana de aula; ao contrário, elas são adquiridas com o passar do tempo, conforme a consciência cinestésica se desenvolve. Por isso, os bailarinos repetem os exercícios e os passos, mas seguindo diferentes padrões e com músicas diferentes. A repetição de movimentos corretos é o que aperfeiçoa a técnica e o desempenho. A mudança de música e de padrões expande a habilidade de lidar com novos elementos em relação aos movimentos já conhecidos ou novos passos e exercícios que estão sendo aprendidos. O ballet para iniciantes requer o aprendizado de uma nova linguagem do movimento, o que inclui estar capacitado para expressar-se bem nessa linguagem com clareza, concisão e fluência.

Linguagens do ballet

O ballet usa diversas linguagens nas quais o aluno precisa se tornar proficiente. A primeira a ser aprendida é a linguagem dos movimentos de ballet. As **palavras de ação** descrevem as ações corporais, ou movimentos das pernas, dos braços e da cabeça em uma sequência para um exercício, passo ou pose, e auxiliam no aprendizado e na memorização de tais movimentos. Aprender por meio de palavras de ação é uma fase intermediária no aprendizado da linguagem dos termos em francês do ballet.

Palavras de ação para termos franceses

O professor usa palavras de ação para descrever um movimento. Quando o aluno repete essas palavras para si mesmo, ajuda a estabelecer uma conexão com o movimento e, então, progride ao condensar várias ações em um exercício ou passo. Tal sequência de movimentos é representada por um único termo para um exercício ou passo.

Você sabia?

O ballet se desenvolveu na corte de Luís XIV da França; assim, os termos eram usados em francês. Hoje em dia, o ballet é ensinado em todo o mundo, mas ainda utiliza os termos em língua francesa. Assim, para quem fizer uma aula de ballet em outro país, o professor pode usar a terminologia francesa do ballet.

No início das aulas de ballet para iniciantes, as palavras de ação na sequência guiam os movimentos. Posteriormente, o aluno será capaz de executar um passo ou exercício sem pensar em cada movimento e começará a usar os termos em francês para os exercícios e para os passos.

Terminologia falada e escrita

A compreensão da terminologia do ballet vai além da tradução da sequência de movimentos para se reconhecer tanto o termo escrito como o falado. Conhecer todas essas traduções é bastante útil na época dos exames, pois o aluno pode ter de executar o exercício ou o passo, ter de reconhecer ou escrever o termo em francês e saber traduzi-lo em palavras de ação.

O vocabulário da técnica de ballet inclui posições, exercícios, passos e poses. Por mais que a terminologia seja expressa em francês, não se deve confundir o francês do ballet com o francês que se aprende em uma aula do idioma, pois a pronúncia de alguns termos pode não ser exatamente a mesma. Como o francês do ballet é falado ao redor do mundo, a terminologia pode ter algum acento regional ou mesmo alguma diferença de pronúncia dependendo da região.

Aprendizado dos movimentos de ballet

Nas aulas, os alunos devem permanecer em silêncio e observar enquanto o professor executa um exercício ou uma sequência na música e fala as palavras de ação ou os termos de ballet. Só então o aluno executa o movimento. Ouvir e lembrar a sequência de movimento, bem como as palavras de ação e os termos de ballet correspondentes, auxilia o aluno na prática do exercício ou da sequência. É possível estabelecer um método fácil para o aprendizado de novos movimentos de ballet: observar, ouvir e, então, executar.

Observar

O primeiro passo é observar as sequências de movimentos durante a demonstração do professor. No começo do aprendizado, primeiramente, o foco deve ser a posição dos pés, a perna de trabalho e suas ações, bem como as direções em que a perna se move. Posteriormente, quando os exercícios ou os passos começarem a incluir posições de braços e deslocamentos, é preciso observar o corpo inteiro executando o movimento, prestando-se atenção a cada parte para ver o que ela faz na sequência e a posição que ocupa no espaço.

Ouvir

Enquanto observa a demonstração do professor, o aluno também deve ficar atento às instruções verbais – os exemplos que o professor utiliza para descrever os movimentos enquanto os executa. Quando a música começar, deve escutar as orientações do professor sobre o movimento, relacionando-as com a música. Nas aulas para iniciantes, o professor geralmente passa todas as orientações antes de o aluno começar a realizar o movimento. Essa é a chance de identificar qual movimento é executado em determinada contagem do tempo.

À medida que o curso avança, o professor faz demonstrações sem as palavras de ação; em vez disso, usa a terminologia do ballet no ritmo ou na contagem da música. Quando o curso para iniciantes estiver prestes a terminar, talvez o professor solicite um exercício ou uma sequência usando a terminologia do ballet e sem demonstrar a sequência. A essa altura, o aluno precisa ser capaz de traduzir em movimentos o comando que ouviu: ele deve ouvir o termo de ballet, visualizá-lo e então executá-lo na música, no ritmo e no andamento corretos.

Saber traduzir as palavras do professor em movimentos deve ser o principal objetivo de um dançarino iniciante. À medida que evolui da fase de ouvinte para a de executor, o aluno também ganha controle e se torna responsável pelo próprio movimento.

Executar

O próximo passo é a execução do movimento. Ao aprender uma nova sequência, o aluno normalmente a executa devagar e sem música; em seguida passa a executá-la acompanhado de música, ainda devagar, enquanto o professor orienta a transição de um movimento para outro. Conforme for praticando a sequência de movimentos, o bailarino deve visualizá-la e dizer para si mesmo as palavras de ação ou os termos de ballet. Então deve continuar apurando os movimentos adequadamente na sequência e no tempo da música e continuar praticando até que se sinta à vontade ao executar a sequência. É necessário estar preparado para fazer quaisquer ajustes necessários à correta execução do movimento. É importante lembrar que, nesse momento, são trabalhados apenas os padrões básicos de movimentos.

Durante o curso, o aluno começa a avaliar como a técnica, os princípios, as regras e outros elementos refinam o desempenho nos exercícios para iniciantes. No ballet, o refinamento dos movimentos é um processo incessante. Assim que a sequência for assimilada mentalmente, é preciso praticá-la até que seja possível iniciá-la de qualquer lado do corpo.

O bailarino iniciante deve ter como objetivo a absorção da maior parte dos movimentos apresentados na aula. Às vezes, alguns ou muitos componentes são repetidos na próxima aula da turma, pois a repetição reforça o aprendizado. No ballet, é preciso alcançar

Praticar repetidamente os passos na barra, no centro e também fora da sala de aula reforça o aprendizado e ajuda a aperfeiçoar a técnica.

certo nível de aprendizado antes de progredir para o próximo nível da técnica, estilo e maestria. A habilidade de lembrar e reproduzir os movimentos contribui para o progresso do dançarino.

Aprendizado da técnica de ballet

A aula de ballet para iniciantes é inteiramente voltada para o aprendizado da **técnica** básica, ou da execução de um exercício ou passo específico, de maneira consistente. A técnica envolve não só o desempenho correto, mas também a incorporação de princípios de movimentos que se aplicam ao exercício ou ao passo em uma sequência. Além de aprender a técnica, o dançarino acrescenta dinâmica e qualidade ao movimento para deixá-lo limpo, o que leva à percepção do estilo, transmitindo musicalidade e maestria.

Orientações e *feedback*

Nas aulas, vários tipos de *feedback* podem orientar o desempenho artístico do aluno. O professor pode fornecer orientações das mais variadas formas durante o aprendizado de um novo movimento, seja por meio de instruções ou de imagens que ajudam o aluno a entender o movimento ou por meio de frases rítmicas ou de contagem para indicar a dinâmica de um passo. Esses são apenas alguns exemplos das muitas orientações que o professor pode oferecer.

Geralmente, o *feedback* do professor é direcionado a toda a classe, para ajudar todos os alunos a entender o movimento ou a sequência. Às vezes, o professor dá um *feedback* individual para limpar ou apurar o desempenho de algum aluno em particular. O *feedback* individual normalmente é dado na parte final da aula.

Outro tipo de *feedback* vem do próprio desempenho do aluno e pode ser um *feedback* cinestésico, intelectual ou uma combinação de ambos. Ao executar um movimento, o bailarino percebe o modo como seu corpo se move e aplica os princípios de movimento em toda a sequência, marcando mentalmente o tempo do movimento na música e a percepção cinestésica da execução, além de registrar a experiência em sua memória de movimento e já se preparar para a próxima ação – tudo simultaneamente. Com a prática ao longo do tempo, esses processos se mesclam até um ponto em que o aluno se torna o responsável por refinar o próprio desempenho.

Contextualização dos movimentos

Conhecer as partes de uma sequência de movimentos e o tempo de um passo posteriormente irá auxiliar na execução de uma sequência mais complexa. Um passo introdutório, um ou mais passos intermediários e um passo de finalização compõem uma sequência básica, e cada passo tem qualidades e tempos específicos e demanda uma execução limpa.

Apuração do senso de direção

Em uma sequência, os passos podem seguir direções variadas: para a frente, para trás, para a lateral ou na diagonal. O desenvolvimento do senso de direção no ballet requer precisão, pois as direções se relacionam com pontos anatômicos do corpo e com o espaço da sala de dança.

O primeiro passo no aprendizado das direções é a localização dos pontos anatômicos em relação às porções frontal, lateral e posterior. Para achar tais pontos, é preciso saber onde fica a **linha mediana** do corpo (Fig. 4.1). Por exemplo, se uma linha vertical for desenhada abaixo do ponto médio frontal do corpo, ele será dividido em duas metades. O membro superior ou o membro inferior de um lado do corpo complementa o outro membro superior ou o inferior em desenhos simétricos ou assimétricos que se criam com as posições, as poses, os exercícios ou os passos.

Na barra, os exercícios que focam os movimentos de perna e de pé são realizados para a frente, na lateral e para trás, em linhas retas, em padrões angulares ou em padrões circulares. Esses exercícios ajudam na aquisição do senso de direção. As direções compõem uma parte fundamental da técnica de ballet. O Capítulo 5 aborda as direções mais detalhadamente.

Outro senso direcional é o movimento do corpo no espaço. Quando o corpo se move para a frente, para trás ou para as laterais durante a execução de um passo ou de uma sequência, essas ações se tornam mais complicadas. E, além de se movimentar em diversas direções no plano horizontal, o bailarino também precisa estar confiante para realizar movimentos em que vai se abaixar ao dobrar os joe-

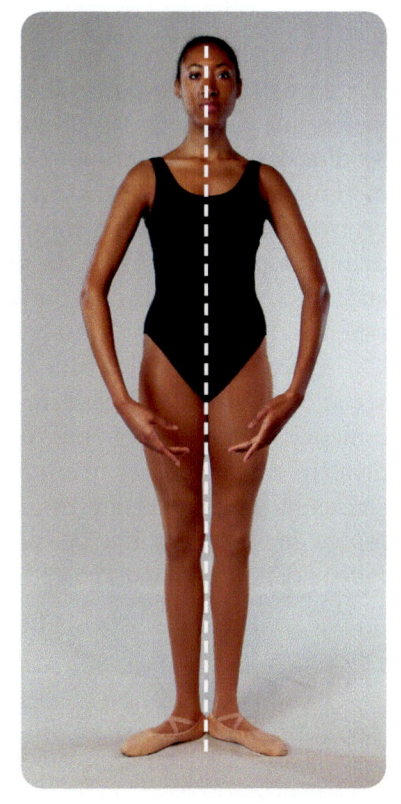

Figura 4.1 Linha mediana do corpo.

lhos, em movimentos de elevação ou para saltar no ar. Alguns exercícios ou passos exigem que o bailarino permaneça *sur la place*, isto é, no mesmo lugar, durante uma sequência em que se movimenta para cima ou para baixo dentro de determinado espaço.

Direções do corpo

No ballet clássico, as direções do corpo incluem ficar virado para a frente ou para os cantos da área de performance. As direções corporais que ficam voltadas para os cantos usam posições cruzadas ou abertas que são parte de poses ou de movimentos. O dançarino iniciante aprende essas posições clássicas como poses, para que possa compreender suas linhas distintas. À medida que os estudos de ballet avançam, as posições clássicas interagem com os movimentos e com os passos. O Capítulo 5 aborda as direções clássicas do corpo com mais profundidade.

Direções do palco

As **direções do palco** se relacionam com as paredes e os cantos do espaço de dança, que pode ser a sala de dança ou outro espaço de performance, como um palco. As direções do palco proporcionam aos bailarinos uma percepção espacial do movimento em relação ao espaço de atuação. A princípio, o aluno deve se posicionar no centro da sala, diante do espelho ou da parede frontal, que é o equivalente a estar diante da plateia. A frente da sala é o proscênio, onde o público se acomodaria no auditório ou no teatro, e a parte de trás é o fundo do palco. À direita do aluno que está no centro do palco fica a lateral direita, e do lado esquerdo fica a lateral esquerda.

As direções do palco para os dançarinos têm uma numeração sequencial que pode seguir dois sistemas e dependem do método que está sendo estudado: o método russo ou o método Cecchetti (Fig. 4.2). As direções de palco russas começam na porção central dianteira e então numeram sequencialmente os cantos e as paredes do espaço de dança em sentido horário. As direções de palco de Cecchetti começam numerando os cantos do espaço de dança, partindo do canto direito do proscênio e seguindo em sentido anti-horário, e depois, passando pela frente do centro do palco, ou pela plateia, e pelas paredes em sentido anti-horário. As **direções do palco para os dançarinos** proporcionam uma percepção espacial do movimento em relação ao espaço da sala, preparando o aluno para dançar no palco.

O professor determinará o conjunto de direções do palco que será usado em sala de aula. Conhecer os sistemas de numeração ajuda os bailarinos a desenvolver o senso das direções para as quais o corpo se vira durante as sequências em um espaço específico.

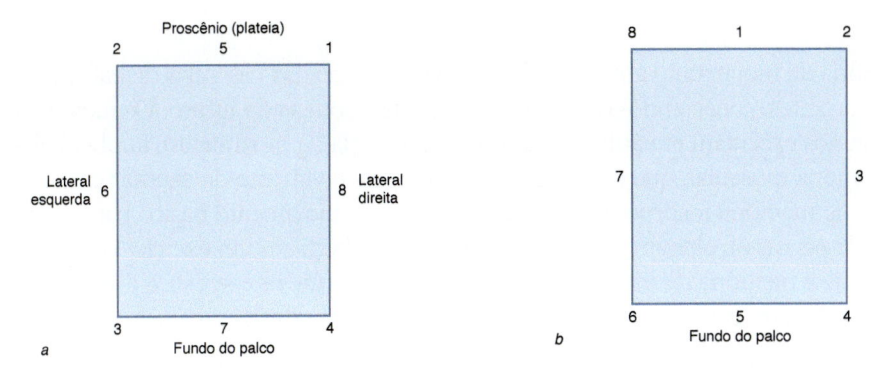

Figura 4.2 (*a*) Direções do palco de Cecchetti. 1: canto frontal direito ou proscênio direito; 2: canto frontal esquerdo ou proscênio esquerdo; 3: canto posterior esquerdo ou fundo do palco esquerdo; 4: canto posterior direito ou fundo do palco direito; 5: frente (*en face*) ou diante da plateia; 6: parede esquerda ou lateral esquerda; 7: parede posterior ou fundo do palco; 8: parede direita ou lateral direita. (*b*) Direções do palco russas.

Memorização de sequências de movimentos

À medida que o bailarino fica mais experiente, mais cedo ou mais tarde o professor para de orientar os movimentos e o aluno se torna o responsável por relembrar as sequências. Portanto, o bailarino precisa memorizar a terminologia ou criar termos próprios para os movimentos e repeti-los para si mesmo enquanto dança. Além disso, deve se fazer as seguintes perguntas:

- Estou de frente para qual direção?
- Que perna estou movimentando?
- Em que direção a perna está se movendo?
- Qual é a posição dos meus braços?
- Em que direção o meu corpo está se movendo?

A repetição das palavras de ação ou das orientações do professor para si mesmo durante o movimento ajuda o aluno a memorizá-lo. Uma vez que consiga executar a sequência, é hora de tentar realizá-la sem dizer as palavras, de modo que todo o movimento possa ser associado aos termos de ballet em francês. Aprender essa técnica de conversar consigo mesmo logo no princípio pode auxiliar o aluno a integrar outros elementos como a técnica e os princípios de movimento no tempo da música. Conversar consigo mesmo continua sendo um recurso válido, à medida que os exercícios e as sequências ficam mais longos e mais complicados.

Conexão com o sentido cinestésico

A conexão com o sentido cinestésico requer consciência do corpo no espaço e de seus movimentos. O estabelecimento dessa conexão leva tempo e exige experiência; não é algo que se conquiste da noite para o dia. Quando o aluno já pratica o ballet com consciência e consistência durante algum tempo, seu sentido cinestésico se torna parte do processo de tradução na conexão linguagem-movimento; quando ouve o termo de ballet em francês, seu corpo simplesmente sabe o que e como fazer.

Memória de movimento

A memória de movimento abrange informações apresentadas nas aulas de ballet anteriores para iniciantes, conectando-as com as do presente e com as do futuro. Os movimentos que os alunos executam em aula baseiam-se na memória de movimento, também chamada de memória muscular, que está interligada ao desenvolvimento do sentido cinestésico. Esse tipo de memória incorpora o *feedback* contínuo ao movimento básico para limpar a sequência de pernas ou alterar os braços e a direção da cabeça em um exercício ou passo. Posteriormente, a memória de movimento se expande conforme os exercícios e as sequências ficam mais longos, ganham mais passos e se tornam progressivamente mais complexos. Depois de praticar repetidamente um movimento, o bailarino consegue executá-lo sem pensar em suas diferentes partes, sendo ainda capaz de aplicar o *feedback* e acrescentar elementos de estilo para aperfeiçoar o movimento em uma execução mais sofisticada.

Vocabulário de movimento

À medida que o aluno faz as aulas, constrói um vocabulário-base de exercícios, passos, posições e poses de ballet. Vocabulário de movimento esse que é recordado das mais variadas formas: cinestésica, visual, auditiva e como componente rítmico. O bailarino usa tanto o movimento como as palavras de ação, que relaciona com um termo de ballet.

Transposição de movimento

Para dançar ballet, o aluno tem de ser capaz de executar exercícios e passos com ambos os lados do corpo ou de transpor o movimento. Embora um dos lados do corpo responda mais facilmente do que o outro, o objetivo é ter a capacidade de desempenhar os movimentos igualmente bem com ambos os lados.

Na prática de exercícios na barra, a tradição é ficar em pé com a mão esquerda apoiada na barra e começar com o pé direito, que é o pé que está do lado de fora. Para prosseguir o exercício, vira-se na direção da barra para deixar o outro lado do corpo de frente com a mão direita apoiada na barra e o pé esquerdo do lado de fora, para então executar o exercício com o outro lado. No centro, a tradição é ficar em pé com o pé direito à frente na posição para executar a sequência com o pé direito. Então, a sequência é executada novamente com o pé esquerdo. Quando executa sequências, o bailarino se movimenta de uma direção para outra. Às vezes, uma sequência leva de um lado para outro, da frente para trás ou de trás para a frente. Em algumas partes da aula, talvez seja necessário mover-se pelo solo em linhas retas ou na diagonal do canto posterior esquerdo da sala até o canto frontal oposto. Alguns passos exigem que o aluno se vire ou faça alguns movimentos circulares. Aprender a transpor os exercícios e os passos de um pé ou de um lado para o outro ajuda na preparação para se movimentar em diferentes direções.

Prática mental

A prática mental aprimora o desempenho físico. Ela é similar ao aprendizado pelo método de observar, ouvir e executar. Ao aplicar essa técnica, o bailarino visualiza a execução perfeita do movimento na música, e, ao revisar a terminologia do ballet durante a prática mental, isso também pode ajudá-lo a estabelecer uma conexão entre movimento e linguagem.

Desenvolvimento de uma atitude performática

Desenvolver uma **atitude performática** significa que o aluno aprende a pensar, a agir e a se mover como um dançarino. O primeiro passo para desenvolvê-la é conseguir executar uma sequência de movimento e transpô-la para o outro lado. Quando o aluno memoriza o movimento e consegue transpô-lo por conta própria, sem depender do professor, ele se torna responsável pelo próprio movimento. E assim o professor pode trabalhar sobre esse aprendizado na aula seguinte. À medida que o aluno se torna mais confiante na execução dos movimentos, desenvolve a atitude performática e também constrói a confiança performática. A aquisição da confiança performática vem com o tempo e com a experiência na execução de sequências dentro de um crescente vocabulário de dança.

> ### Atividade
>
> **Encontre sua inspiração no ballet**
>
> Imagine calçar as sapatilhas de um dançarino profissional: você está observando, movimentando-se, pensando e se sentindo como um dançarino. Ao se posicionar na barra ou no centro da sala, você deve elaborar a imagem de um dançarino profissional executando o movimento corretamente bem à sua frente, de forma que possa seguir esse dançarino enquanto realiza o movimento.

Compreensão da musicalidade

Musicalidade é a sensibilidade e o conhecimento a respeito da música. Na dança, ela se refere ao modo como o bailarino executa o movimento em relação à música. A execução de movimentos que estão tecnicamente corretos e no tempo da música é a base da atuação. Ao progredir, o aluno não só dança no tempo da música como também a utiliza para ressaltar as qualidades do movimento.

Dançando de acordo com a música

Exercícios, passos e sequências devem ser dançados no tempo da música. Conhecer compassos básicos, ouvir a batida e determinar o valor das notas são fatores subjacentes no desenvolvimento da musicalidade e da qualidade do movimento.

Os compassos de música geralmente utilizados em uma aula de ballet iniciante incluem:

- 4/4 ou 2/4. No compasso 4/4, há quatro batidas para cada medida de tempo. No compasso 2/4, há duas batidas para cada medida. Os dois andamentos são usados em exercícios na barra e durante o *petit allegro* e em outras sequências no centro.
- 3/4. No compasso 3/4, também conhecido como o compasso da valsa, há três batidas para cada medida de tempo. Esse andamento acompanha uma variedade de exercícios na barra e também os adágios, além de sequências de *petit a grand allegro* no centro.

Prestar atenção à música é a melhor forma de perceber as orientações musicais para ouvir as notas, o tempo, as frases e a estrutura da música que acompanha o movimento.

Nas aulas de ballet para iniciantes, o pianista ajuda os alunos a entender a música e a desenvolver a musicalidade.

Contagem

Os dançarinos contam por tempos. Na execução de um exercício na barra, o professor pode especificar tanto um como dois tempos para cada exercício ou passo. Às vezes, os movimentos são executados duas vezes mais lentamente tanto em meio compasso como em um intervalo de tempo. Isso permite que o aluno tenha tempo para pensar e aprender todas as partes do movimento na sequência.

Na aula, o aluno deve se antecipar à música em vez de reagir a ela. Essa diferença fica evidente na dança. Alguns movimentos devem ser acentuados e completados no tempo da música para que o bailarino conquiste uma sinergia com a música em vez de parecer que é arrastado por ela. Há dois andamentos gerais que descrevem os exercícios e as sequências de ballet: o **adágio**, que indica uma movimentação lenta na música. Um passo em adágio pode se estender por vários tempos. À medida que o aluno fica mais experiente, as sequências em adágio se tornam mais sustentadas por causa dos movimentos lentos. Já o *allegro* indica uma movimentação rápida ou um andamento acelerado. Os andamentos em *allegro* aceleram à medida que as sequências se tornam mais complexas.

Tempo e qualidade no desempenho

O tempo e a qualidade do desempenho estão associados ao domínio do exercício ou do passo. O bailarino tem de determinar se o movimento realizado é um passo lento ou rápido, reconhecer se o movimento tem um caráter mais deslizante ou um caráter mais acentuado, marcante, que reflete a música ou contrasta com ela. Uma parte da aula de ballet consiste em dançar ao som de vários tipos de música, em andamentos e compassos diferentes. Do mesmo modo, o aluno também vai praticar vários passos que formam sequências com qualidades distintas ou até mesmo similares. Aprender a identificar essas e outras características das sequências acaba se tornando uma segunda natureza, no entanto, na aula para iniciantes, a identificação dessas características é parte do aprendizado da técnica básica. Bem no começo das aulas para iniciantes, o andamento dos exercícios e dos passos é lento para garantir que a mente e o corpo do aluno compreendam cada movimento da sequência. Em passos e sequências pelo solo, mover-se lentamente e preencher a música com saltos ajuda o aluno a adquirir a força e a altura de que vai precisar quando o andamento da música ficar mais rápido.

Compreensão da maestria (habilidade artística)

Na dança, **maestria** significa ser capaz de expressar a intenção da dança, as ideias do coreógrafo e a emoção por meio dos gestos e dos movimentos de ballet acompanhados da música. Assim como a leitura de um grande poema, a apreciação de uma atuação dramática arrebatadora, a trilha sonora de uma ópera que toca o espírito ou a contemplação de uma obra de arte que mexe com os sentidos, o dançarino expressa visualmente, por meio da complexidade e da elegância dos movimentos e dos gestos junto à música que acompanha a atuação, a poesia, a emoção e o drama da dança. É isso que o público vê no palco quando um artista interpreta uma obra coreográfica ou um papel dramático em um ballet. O desenvolvimento da maestria não é um estudo separado da técnica, tampouco é um aspecto trabalhado apenas em aulas de turmas avançadas. Na realidade, ela começa a ser desenvolvida nas primeiras aulas de ballet.

O desempenho diário em sala de aula bem como os exercícios e os passos são parte de um quadro maior do estudo de ballet na condição de forma de arte. Ao executar sequências de nível básico, o aluno aprende a aplicar técnicas, princípios de movimento, regras e protocolos. Tais fundamentos são a base da estética e de um desempenho magistral.

Aplicação dos princípios estéticos no ballet

Todas as formas de dança compartilham os mesmos princípios estéticos que fundamentam o senso artístico e funcionam como uma base pela qual coreógrafos, dançarinos e público julgam um trabalho de dança. Na aula de dança, os princípios estéticos, do modo como se aplicam ao ballet, guiam o trabalho do professor no desenvolvimento de sequências. Os alunos aprendem a compreender e a pôr esses princípios em prática ao executar as sequências.

Os princípios estéticos gerais que fundamentam a dança e outras formas de arte são apresentados na Figura 4.3. São eles:

- *Unidade*: coesão de todos os elementos de uma sequência, o que faz dela um conjunto de passos.
- *Variedade*: diz respeito aos passos, às direções e aos níveis que prendem e mantêm a atenção ou até mesmo desafiam o dançarino.
- *Contraste*: ressalta ou desperta o interesse e acrescenta outras dimensões à dança.
- *Repetição*: recorrência de um elemento, o que faz dele uma constante.
- *Equilíbrio*: é o que fornece um senso de proporção à sequência, garantindo um senso de igualdade entre as partes.

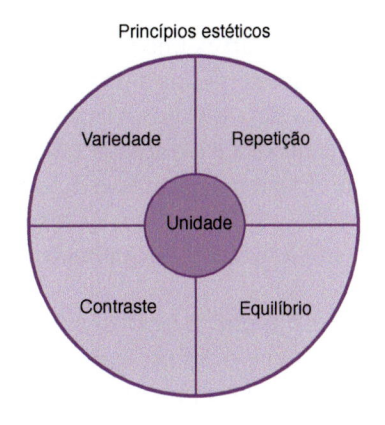

Figura 4.3 Os princípios estéticos fundamentam a dança e outras formas de arte.

Adaptado, com permissão, de G. Kassing e D. Jay, 2003, *Dance teaching methods and curriculum design* (Champaign, IL: Human Kinetics), 121.

Pode parecer que esses princípios estéticos são abstratos e não têm conexão com os movimentos e com os passos que constituem a técnica e o ballet para iniciantes. No entanto, quando a aluno adquire um vocabulário de trabalho no ballet e passa a compreender os princípios e as regras de movimento, os princípios estéticos entram em cena, de forma que o ballet ultrapassa o campo da arte técnica e se torna, também, uma arte expressiva. Para que essa conexão se integre ao desempenho, o aluno precisa desenvolver a percepção dos princípios estéticos e do modo como eles se relacionam com o ballet. O primeiro passo para integrá-los à maneira de dançar é encarar o ballet como se o aluno fosse um artista desde o primeiro dia de aula. Quando põe em prática os princípios de movimentos, as regras e os protocolos de tal modo que estes se integram a seu desempenho, o aluno constrói uma base sobre a qual pode depositar camadas de qualidade, estilo, musicalidade e interpretação pessoal. Trata-se de uma sinergia contínua que se aprofunda com o tempo, com a prática e com a atenção direcionada à compreensão física e mental do ballet.

Preparação para exames práticos

Em um curso universitário norte-americano de ballet, os alunos fazem dois tipos de exames: o teórico (pode ser no papel ou *on-line*) e o prático. O exame teórico aborda o vocabulário, as palavras de ação, a terminologia francesa, os princípios, as regras e os protocolos do ballet. O exame prático engloba a execução de exercícios na barra e de sequências no centro. Além disso, talvez o aluno também tenha de escrever artigos para periódicos ou para periódicos eletrônicos, fazer relatórios e resenhas de apresentações de dança.

Para agilizar os exames práticos, é comum que a classe inteira execute exercícios na barra e sequências no centro durante uma ou duas aulas. Normalmente, o aluno aprende e pratica as sequências em sala de aula e então as memoriza para que possa executá-las com o restante da classe ou com um grupo.

No dia do exame prático, o professor apresenta os exercícios de barra e as sequências e espera que os alunos os executem de cor. Portanto, para garantir a assimilação da sequência de movimentos e da técnica correta e para coordenar os movimentos com a música e expressar a qualidade da sequência, os bailarinos devem praticar bastante. Existem algumas estratégias que podem ser usadas tanto na sala de aula como fora dela e que auxiliam na preparação para os exames. As questões a seguir ajudam o aluno a lembrar as sequências da barra e do centro.

- Em que direção devo virar para começar?
- Qual é a posição dos pés para começar?
- Qual é a preparação (pés e braços)?
- Qual é o primeiro movimento?
- Qual é a sequência dos passos?
- Qual é a finalização?

Com a prática e a experiência, o aluno acaba internalizando o ato de fazer essas perguntas a si mesmo e elas funcionam como um recurso de autoavaliação do desempenho.

Exercícios para o exame prático

Para se preparar para o exame prático, é preciso praticar as sequências que serão pedidas, a fim de que a movimentação fique profundamente enraizada na memória intelectual e na memória de movimento. Os passos a seguir ajudam o aluno a alcançar esse nível de compreensão.

1. Praticar cada sequência por conta própria até se sentir seguro.
2. Fazer as sequências na frente de um espelho e analisar se os movimentos estão corretos.
3. Praticar as sequências sem olhar no espelho e fazer uma autoavaliação.
4. Fazer uma lista das sequências que já executa com segurança e das que ainda necessitam de mais estudo. Concentrar então a prática nas áreas específicas que precisam de atenção.
5. Praticar as sequências diante de um parceiro observando-se mutuamente. Compartilhar o *feedback* sobre o desempenho um do outro e os pontos que precisam ser revisados.

Em um exame prático, o aluno precisa saber todas as sequências e ser capaz de executá-las. É muito comum, durante as aulas ou no exame prático, que alguns alunos copiem os movimentos das pessoas que estão à sua frente ou as observem pelo espelho. Esse hábito é prejudicial e confirma para o professor que o aluno não consegue executar a sequência sem auxílio visual ou que ainda não assumiu sua responsabilidade pelo aprendizado e pela execução das sequências.

Entre as aulas práticas para o exame, uma boa estratégia é o aluno revisar tudo mentalmente, visualizando a si mesmo executando as sequências para então executá-las de fato. E, antes de realizar o exame, reservar um tempo para repassar mentalmente as sequências. Durante o exame propriamente dito, é preciso pensar no movimento que está sendo executado, mas também se adiantar e pensar nas transições e nos movimentos seguintes da sequência.

Para executar cada movimento da sequência, o bailarino tem de fazer todas as partes desde o início até o fim plenamente e com os níveis adequados de energia e dinamismo. Mesmo quem se preparou para o exame e está confiante de que sabe as sequências pode enfrentar problemas durante a execução. Por isso, o aluno precisa ter em mente que, ainda que surja algum problema ou se algum erro for cometido, ele deve seguir adiante com atitude e concluir a sequência. E também deve ficar atento a estes pontos:

*   Pensar no momento presente e antecipar o próximo.
*   Lidar com os problemas, recuperar-se e então concentrar a atenção no movimento seguinte.
*   Completar todos os movimentos.
*   Finalizar a sequência.

Esperando a vez

Enquanto estiver em pé aguardando silenciosamente no fundo ou na lateral da sala de aula a vez de seu grupo executar a sequência, o aluno tem a oportunidade de revisar mental e fisicamente a sequência seguinte. Se isso desviar a atenção de outros grupos, basta afastar-se do local em que a sequência está sendo executada e, ainda em silêncio, revisá-la mentalmente. Em algumas aulas, **marcar** ou se movimentar durante os passos da sequência atual ou da seguinte pode ser considerado falta de educação. Para evitar isso, o aluno deve se condicionar a visualizar a si mesmo executando a sequência com a técnica correta, no ritmo, no tempo e na dinâmica da música que está tocando. O professor vai indicar a conduta esperada dos alunos no que diz respeito à marcação durante um exame prático.

Reflexão após o exame prático

Após a realização do exame prático, o bailarino deve reservar um tempo para refletir sobre as sequências e sobre o próprio desempenho. Compreender aquilo que foi bem feito ajuda a reforçar os pontos fortes. Identificar os pontos que ainda precisam ser trabalhados aponta os objetivos que devem ser atingidos nas aulas futuras.

Resumo

O ballet para iniciantes concentra-se no aprendizado e na execução da técnica básica de ballet. A princípio, o aluno aprende a compreender e a expressar o vocabulário de movimento em palavras de ação e, então, com a terminologia francesa, tanto na forma oral como na escrita. O aprendizado da execução do ballet é uma experiência artística que envolve corpo e mente. Entender a musicalidade e a maestria (habilidade artística), aplicar os princípios estéticos e desenvolver a atitude performática são outros objetivos que devem ser perseguidos desde o primeiro dia de aula. Os exames ajudam o aluno a perceber quais objetivos de execução já foram alcançados e quais ainda precisam de mais dedicação; eles fazem parte do processo de aprendizado e execução da técnica de ballet para iniciantes.

5

Princípios da técnica de ballet

Inúmeras características distinguem a técnica de ballet da de outros gêneros de dança, incluindo-se posições de pés e de braços, as quais são únicas do ballet. O pilar da técnica de ballet consiste em uma série de princípios do movimento que se sustentam e se inter-relacionam uns com os outros por meio de exercícios e sequências. Direções de palco, posições do corpo e direção de pernas, pés e braços criam a tridimensionalidade das posições e dos movimentos. Os padrões e os tipos de sequências na barra e no centro delineiam a estrutura da prática, fazendo com que a repetição do movimento contribua com a fluência da técnica. Em conjunto, esses elementos definem a técnica, a estrutura e a estética do ballet.

Na aula de ballet para iniciantes, o aluno normalmente aprende as posições básicas de pés e braços, que representam uma escola ou um método específico de ballet. Este capítulo apresenta as posições e as direções. O professor é quem vai determinar que método específico será aplicado à técnica básica. Tanto o método Cecchetti como o método russo são especificados em algumas das posições de pé apresentadas neste capítulo.

Você sabia?

O ballet clássico desenvolveu diversas escolas, métodos e estilos ao longo dos séculos XIX e XX. Perto do fim do século XIX, Enrico Cecchetti, dançarino e professor de tradição italiana, levou sua *expertise* aos teatros imperiais da Rússia. No século XX, o método de ensino de Cecchetti foi codificado nos escritos que ele deixou. Atualmente, vários professores e escolas levam adiante o método de ensino de ballet de Cecchetti.

No início do século XX, **Agrippina Vaganova** (1879-1951), *ballerina* russa e professora renomada, formulou o método Vaganova. Posteriormente, bailarinos e professores russos disseminaram essas abordagens à medida que se apresentavam e se estabeleciam mundo afora.

O método Cecchetti e o Vaganova (método russo) são dois dos diversos estilos importantes do ballet. Durante o século XX, outros estilos surgiram de professores e coreógrafos proeminentes ao redor do mundo. Com a proliferação de programas de ballet nos meios acadêmicos, vários estilos de ballet se misturaram.

Posições dos pés

A técnica do ballet tem como base as cinco posições básicas dos pés, nas quais o peso do corpo está verticalmente centralizado sobre os pés. As Figuras 5.1 até 5.5 mostram as cinco posições.

Figura 5.1   Primeira posição: os calcanhares se tocam, e ambas as pernas estão *en dehors*.

As cinco posições dos pés

Nas cinco posições dos pés, o pé fica totalmente apoiado no solo, conforme mostram as figuras de 5.1 a 5.5. Cada um dos dedos fica alongado, em especial o quinto dedo. Quando toda a planta do pé está no chão, três pontos principais ficam em contato com o solo, formando o **triângulo do pé** (Fig. 5.6). Esses três pontos são o primeiro metatarsal (debaixo do hálux), o quinto metatarsal (entre o quarto e o quinto dedos) e o centro do calcanhar. Se esses três pontos forem ligados, vão formar um triângulo. O dançarino posiciona o peso sobre o centro desse triângulo para conseguir o alinhamento vertical do corpo.

Juntamente com os dedos, o triângulo do pé suporta o peso do corpo equilibradamente. Manter o triângulo nas cinco posições dos pés é a chave do alinhamento, do *en dehors* e da postura nessas posições e na transferência de peso durante a execução de exercícios ou sequências.

Figura 5.2 Segunda posição: os pés estão afastados a uma distância de, aproximadamente, um pé do dançarino até a largura dos ombros. Os dois hálux ficam em linha reta para garantir a igualdade de rotação (*en dehors*) das pernas.

Figura 5.3 Terceira posição: o calcanhar do pé da frente toca o meio do arco do pé de trás.

Figura 5.4 Quarta posição: a distância entre o pé de trás e o pé da frente é o comprimento de um pé do dançarino. Para os iniciantes, a quarta posição pode ser um passo à frente na (*a*) primeira posição ou na (*b*) terceira posição.

a *b*

Figura 5.5 Quinta posição: o calcanhar do pé da frente fica em contato com o pé de trás. (*a*) No método russo, o calcanhar toca a ponta do hálux do pé de trás. (*b*) No método Cecchetti, o calcanhar toca o pé de trás na altura da articulação do hálux.

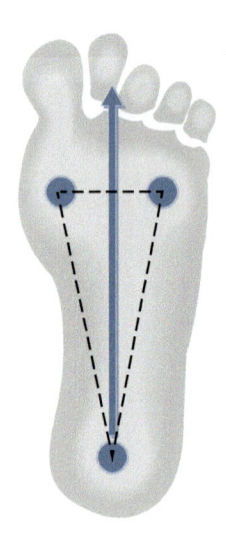

Figura 5.6 Triângulo do pé.

Atividade

Encontrando o triângulo do pé

O bailarino deve experimentar cada uma das posições, pensando na localização do triângulo do pé em cada pé. Deve praticar tentando achá-lo na primeira, na segunda e na terceira posições. Em seguida, deve repetir as posições de pés novamente, usando o sentido cinestésico para identificar o triângulo em todas as posições. Então, deve praticar da primeira até a quinta posição tentando localizá-lo em cada uma das posições. Ao fazer a terceira, a quarta e a quinta posições, é melhor praticar com um pé na frente primeiro, depois trocá-lo e levar o outro pé adiante.

Pé de trabalho e pé de base

No ballet, ambos os pés podem assumir o papel de base ou de trabalho. O **pé de base** sustenta o peso do corpo, e o **pé de trabalho**, esticado, é levado em várias direções em contato com o solo, no ar ou em contato com a perna de base.

 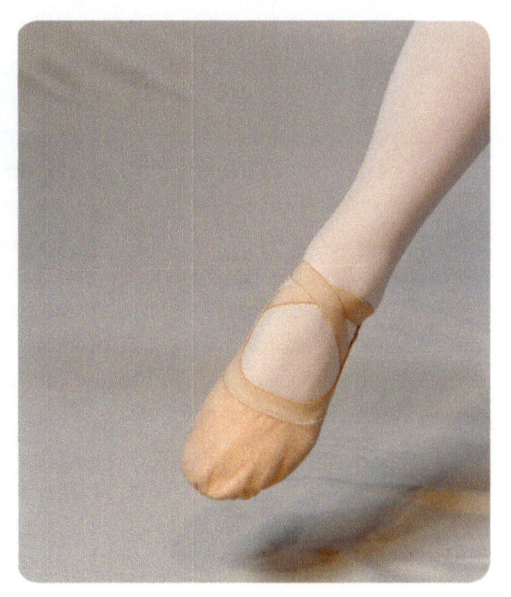

Pé esticado no ar.

Pé esticado

O pé esticado é marca registrada do ballet; trata-se de um requisito técnico e estético dessa forma de arte. A execução da **ponta** começa no tornozelo, esticando e elevando o arco, formando a ponta em toda a extensão do pé, desde o calcanhar, incluindo-se os metatarsais e os dedos. O pé com a ponta esticada dá continuidade à linha reta da parte de baixo da perna. Quando o pé está esticado, os dedos ficam esticados e retos para encompridar a linha do pé. No chão, apenas as pontas dos dedos tocam o solo. A ponta também tem um benefício prático: o pé esticado, quando está no ar, prepara o bailarino para articular, a partir do pé, uma aterrissagem suave de um salto.

Posição com pé ativo

Em uma **posição com pé ativo**, um pé sustenta o peso do corpo enquanto o outro assume uma posição ativa, com o pé esticado, em contato com o chão, no ar ou em contato sobre a perna de base. As posições com pé ativo são listadas e mostradas no Capítulo 6.

Atividade

Ensaiando as cinco posições de pé

O bailarino deve repetir cada posição de pé, localizando o triângulo nos dois pés. Para passar de uma posição para outra, deve fazer ponta com o pé direito, afastá-lo lateralmente e então trazê-lo já formando a próxima posição. Praticar o exercício da primeira até a terceira posição. Depois repetir da primeira até a quinta posição. Ao mudar da terceira para a quarta posição, o bailarino deve fazer ponta com o pé direito, esticá-lo para a frente e então posicioná-lo na quarta posição. Ao mudar da quarta para a quinta posição, o bailarino deve fazer a ponta de pé e então puxá-lo para a quinta posição. O exercício deve ser feito com o pé direito como pé de trabalho e repetido com o pé esquerdo também como pé de trabalho.

Posições dos braços e *port de bras*

No ballet, os braços preenchem o espaço ao redor do corpo à medida que se movem. As posições de braço complementam o movimento e as posições clássicas dos pés e do corpo. No ballet clássico, os braços criam linhas longas e curvas com os cotovelos virados para fora na lateral. Para conseguir essa linha, o braço tem de ser ligeiramente flexionado nos cotovelos e nos punhos, e a mão prolonga a linha do braço. Em muitas posições clássicas do ballet, os braços e as mãos são posicionados à frente do corpo, estendendo-se, em algumas poses, em linhas longas e esticadas em vez de ficar em posições curvadas. Os braços complementam a execução dos passos e dos exercícios.

Integrar a coordenação dos braços com os movimentos de pernas e pés requer tempo e paciência. A execução das posições dos braços em uma sequência exige a integração de movimento e respiração.

Posições dos braços

O ballet clássico tem cinco posições básicas dos braços. Elas são numeradas de modo similar às posições de pé e incluem variações de acordo com o método de ballet adotado.

Posição preparatória (similar à quinta posição *en bas*): nessa posição, os braços ficam alongados para baixo e à frente do corpo com a lateral dos dedos mínimos quase tocando o corpo (Fig. 5.7). Os professores de ballet geralmente sugerem que os alunos imaginem que estão segurando uma maçã em cada mão.

Primeira posição: os braços se alongam na frente do corpo, paralelos à cintura, em forma ovalada. As mãos ficam levemente separadas (Fig. 5.8).

Segunda posição: os braços são alongados ligeiramente à frente da lateral do corpo (*à la seconde*), um pouco abaixo da altura dos ombros (método russo) ou mais inclinados para baixo e levemente arredondados (Cecchetti) (Fig. 5.9).

***Demi-seconde* (metade da segunda posição):** os braços se alongam na metade da altura entre a segunda e a quinta posições en bas (Fig. 5.10).

Terceira posição: um braço é elevado acima da cabeça, e o outro é alongado na segunda posição. Se o pé direito estiver na frente na terceira posição, então o braço direito deve ser elevado (Fig. 5.11).

Quarta posição: um braço é elevado acima da cabeça, e o outro é arqueado à frente da linha da cintura (Fig. 5.12*a*). Se o pé direito estiver na frente na quarta posição, o braço direito estará no alto.

Quarta posição *en avant* (para a frente): um braço é arqueado em frente da linha da cintura, e o outro braço é alongado na segunda posição. Se o pé direito estiver na frente na quarta posição, o braço esquerdo é arqueado em frente à linha da cintura (Fig. 5.12*b*).

Quinta posição *en haut* (elevada): os dois braços são elevados acima da cabeça (Fig. 5.13). Os braços são elevados diagonalmente a partir da linha do cabelo (método Cecchetti) ou sobre a coroa da cabeça (método russo). Uma vez que os métodos de ballet apresentam distinções no posicionamento dos braços, o professor é quem especificará qualquer diferença no posicionamento do braço.

Figura 5.7 Posição preparatória.

Figura 5.8 Primeira posição.

Figura 5.9 Segunda posição: (a) método russo; (b) método Cecchetti.

Figura 5.10 Posição em *demi-
-seconde*.

Figura 5.11 Terceira posição.

a

b

Figura 5.12 (*a*) Quarta posição; (*b*) quarta posição *en avant*.

Figura 5.13   Quinta posição: (*a*) método russo; (*b*) método Cecchetti.

Port de bras

A movimentação dos braços, ou **port de bras**, tem diversos significados. O *port de bras* pode ser o movimento que braço e mão fazem juntos na passagem de uma posição para outra. O *port de bras* pode ser simplesmente o movimento dos braços em uma posição durante a execução de um exercício. Antes do início de um exercício ou uma sequência, o *port de bras* serve de introdução à prática. *Port de bras* pode ser o nome de uma seção de trabalho no centro da qual vários movimentos de braços são combinados em uma sequência. Há dois *port de bras* básicos que são utilizados nas aulas de ballet para iniciantes.

Primeiro *port de bras*

Para executar o primeiro *port de bras*, o bailarino deve começar com os braços na posição preparatória ou na quinta posição *en bas* e elevá-los até a altura da cintura, com os dedos quase se tocando. Então, deve abrir os dois braços na segunda posição. Em uma das variações, os braços ficam na segunda posição; na outra, eles retornam à posição preparatória. Se essa última variação for executada, antes de voltar os braços à posição preparatória, a parte superior do braço e os cotovelos devem ser levemente girados; os punhos então se flexionam conforme os braços descem em um movimento fluido à posição preparatória.

Nos níveis iniciais da prática de ballet, o movimento do braço geralmente se restringe a uma posição específica, como a segunda posição ou a posição preparatória de acordo com o *port de bras*. Isso permite que o aluno se concentre no trabalho com o pé sem as complicações de adicionar movimentos de braço, além de ser um meio de ele aprender a sustentar os braços em uma posição específica sem enrijecê-los ao longo da duração de um exercício.

Segundo *port de bras*

Para executar o segundo *port de bras*, o bailarino deve começar na posição preparatória ou na quinta posição *en bas* e elevar os braços à quinta posição *en haut*. Então, deve girar os braços para fora e descê-los até a segunda posição. Em seguida, deve erguer os cotovelos suavemente e descer os braços em um movimento fluido, finalizando na posição preparatória.

Os movimentos suaves, contínuos e coordenados do *port de bras* podem complementar ou servir de contraponto aos movimentos das pernas ou dos pés em um exercício ou em uma sequência.

A prática do primeiro e do segundo *port de bras* é a base da incorporação do *port de bras* à preparação para o trabalho na barra e no centro. Depois, as posições dos braços são incorporadas aos exercícios ou eles são mantidos em uma posição específica até o fim do exercício ou da sequência.

Princípios do movimento para o ballet

Assim como todas as formas de dança, o ballet se ampara em um conjunto de princípios dos movimentos. Um ou mais princípios interagem com as posições por meio dos exercícios, dos passos e das sequências. Os **princípios dos movimentos** incorporam conceitos científicos e estéticos à técnica de ballet, por isso compreender cada princípio e saber como aplicá-lo faz parte do aprendizado da técnica.

Ao observar a pirâmide dos princípios dos movimentos mostrada na Figura 5.14, deve-se começar pela fileira inferior. À medida que o bailarino aprimora sua técnica, ele vai subindo da fileira de baixo, que inclui os princípios básicos de alinhamento, *en dehors* e postura. O segundo nível da pirâmide compreende a distribuição e a transferência de peso. Continuando pirâmide acima, a perpendicularidade é o princípio central e se relaciona com a elevação (também conhecida como força de sustentação) e a força de resistência. O contrapeso e o *aplomb* formam o nível seguinte, e, embora o equilíbrio esteja no topo da pirâmide, ele é o princípio do movimento que conecta todas as outras fileiras.

Atividade

Avaliando seu alinhamento

Desenvolver um bom alinhamento proporciona um movimento eficiente, além de ser um hábito de vida saudável. Ficar atento e conferir o alinhamento corporal no dia a dia ajuda o bailarino a estabelecer e a cultivar hábitos para manter uma boa postura. Para tanto, em diferentes momentos do dia e em diversas situações, ele deve prestar atenção a quando estiver parado em determinada posição ou caminhando. Fazer isso de três a cinco vezes por dia basta para ficar alerta ao alinhamento e lembrar-se de pensar nele enquanto anda ou está em pé.

Alinhamento

Ter um **alinhamento** apropriado significa ter uma boa postura que integre o corpo do dançarino como um todo – cabeça, tronco, membros superiores e membros inferiores. O alinhamento é um princípio do movimento estático e também dinâmico, o que significa que ele é usado tanto na manutenção de uma pose (estático) como na movimentação do corpo pelo espaço (dinâmico). Os dançarinos ajustam o alinhamento do corpo rápida e controladamente durante os exercícios e as sequências. Se uma parte do corpo

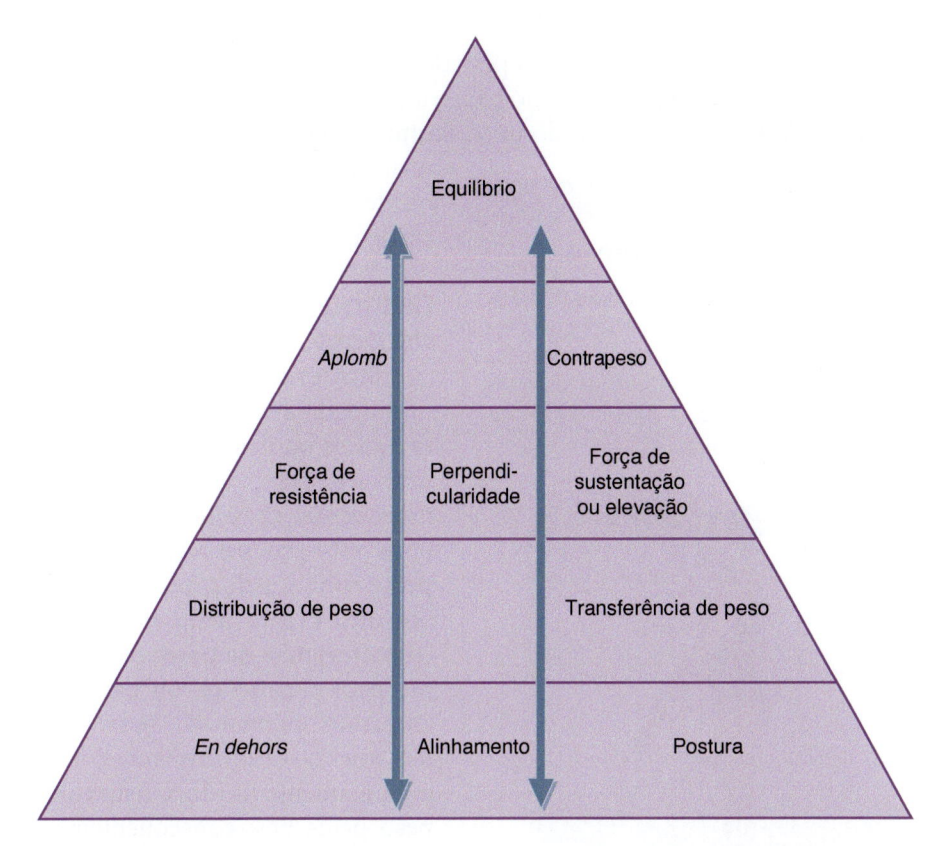

Figura 5.14 Pirâmide dos princípios dos movimentos do ballet clássico.

não estiver devidamente alinhada, as outras partes vão tentar compensar isso, o que pode provocar um mau alinhamento e até mesmo lesões, pois, quando o corpo não está alinhado, todas as principais articulações são afetadas. Aprender a ter um bom alinhamento corporal e colocá-lo em prática é crucial para dançar corretamente e benéfico tanto na aula como fora dela.

En dehors

Outra marca registrada do ballet é o *en dehors*, a rotação lateral (externa) das pernas que começa na articulação do quadril. Os músculos rotadores profundos localizados ao redor do quadril garantem a habilidade da perna de girar na articulação do quadril. O *en dehors* se estende por toda a extensão da perna até o pé. Os músculos da parte superior e inferior da perna bem como os músculos abdominais são essenciais para desenvolver e controlar o *en dehors*.

O dançarino iniciante normalmente tem um ângulo de *en dehors* natural, que costuma ser de aproximadamente 90 graus, ou seja, 45 graus em cada perna, mas, à medida que pratica, as pernas e os pés vão desenvolvendo a memória muscular para se mover, parar e ficar em pé enquanto mantêm o *en dehors* nas mais variadas posições.

Postura

Ao ficar em pé ou se movimentar, o peso do corpo pode estar sobre os dois pés ou apenas sobre um. Na **postura** clássica do ballet, o peso sobre os dois pés deve ser igualmente distribuído sobre o triângulo do pé. A postura está obviamente conectada ao alinhamento, assim como interage diretamente com a distribuição e a transferência de peso.

Atividade

Refletindo sobre o *en dehors*

O bailarino visualiza o *en dehors* de cada perna como espirais descendentes que percorrem toda a perna até o pé. Tenha essa imagem em mente ao executar as diversas posições dos pés ou ao se movimentar nos exercícios.

Distribuição e transferência de peso

Manter-se em uma pose e em prontidão para mover-se de um pé para os dois ou dos dois para um requer, primeiramente, raciocínio por trás do movimento. O bailarino precisa saber onde está seu peso (**distribuição de peso**; sobre os dois pés ou apenas sobre um) e para onde ele será levado (**transferência de peso**; para o mesmo pé, para o outro pé ou para ambos), enquanto permanece parado ou se movimenta. O alinhamento correto está diretamente ligado à distribuição de peso pelos pés; consequentemente, a distribuição de peso está ligada ao *en dehors* também. Juntos, os princípios de distribuição e de transferência de peso, de *en dehors* e de alinhamento se interligam à postura e, finalmente, ao triângulo do pé (Fig. 5.15).

Perpendicularidade

A **perpendicularidade** é o princípio central na terceira fileira da pirâmide. No ballet, o tronco funciona como uma unidade, de modo que ombros e quadril devem estar nivelados e virados para a mesma direção. Ao utilizar o princípio da perpendicularidade, o tronco permanece imóvel e reto, o que permite focar no movimento e na direção das pernas ou nos movimentos de todo o corpo em relação ao espaço de dança (Fig. 5.16).

Na aula de ballet para iniciantes, o aluno primeiro pratica os exercícios de barra de frente para a barra a fim de que possa entender e praticar esse princípio. No centro, a perpendicularidade é aplicada ao uso das direções do corpo em relação ao espaço.

Atividade

Perpendicularidade

Desenhar um ponto em cada ombro e na frente de cada osso do quadril; tentar então alinhar esses pontos no mesmo plano.

Figura 5.15   Postura: (*a*) em ambos os pés; (*b*) em um pé.

Força de sustentação ou elevação

Todo dançarino, esteja parado ou em movimento, deixa o corpo alongado desde o chão. O princípio da **força de sustentação** ou **elevação** é uma combinação da conexão que o corpo estabelece com o solo enquanto alonga as pernas para cima, no sentido oposto ao do chão, envolvendo os músculos abdominais e se estendendo ao longo do comprimento do tronco, entre o quadril e as costelas (Fig. 5.17). É como se uma linha de um circuito de energia percorresse o corpo de cima a baixo. Criar essa imagem de um circuito energético ajuda o aluno a mobilizar todo o corpo na relação com o solo durante a realização de exercícios, passos e poses.

Ao executar um exercício na barra, a perna de base se vale da força de sustentação para evitar que o corpo afunde ou se ampare totalmente nela. O alongamento da perna de base possibi-

Figura 5.16   Perpendicularidade.

lita o fechamento completo do pé de trabalho na quinta posição. Durante o movimento, a aplicação da força de sustentação, ou elevação, é o que dá a sensação de que o bailarino está flutuando ou deslizando sobre o chão. Nos passos em que a perna de trabalho está estendida no ar, o bailarino deve usar a força de sustentação na perna de base, mobilizan-

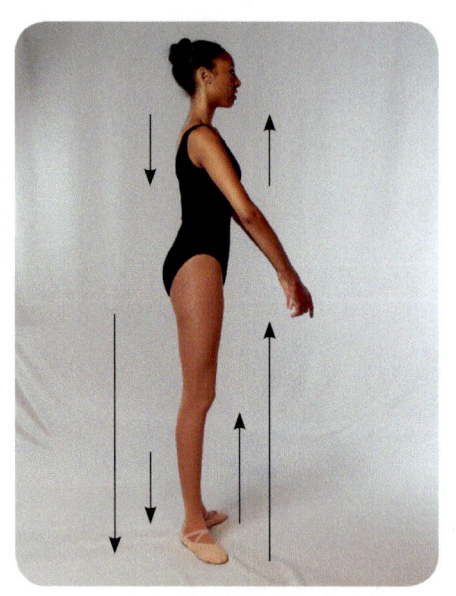

Figura 5.17 Elevação, também conhecida como força de sustentação.

Atividade

Praticando a força de sustentação ou elevação

Para desenvolver a percepção da força de sustentação, ou elevação, o aluno deve ficar na primeira posição e posicionar as mãos na lateral da cintura utilizando-as como auxílio para alongar o corpo para cima, mas sem sair do chão. Essa sensação de estar sustentado, quase suspenso, é similar ao princípio da força de sustentação ou elevação. Ao executar um exercício ou passo, o aluno deve tentar transferir essa sensação para o movimento.

do os músculos abdominais para alongar o corpo para cima e dar a impressão de elevação. A força de sustentação, ou elevação, coloca o corpo no eixo para se movimentar ou saltar. Quer em pequenos movimentos quer em movimentos amplos de saltos, a elevação se soma à altura. Quando cria a imagem mental da força de sustentação ou elevação, o bailarino naturalmente alonga o corpo e se sente à vontade na movimentação de pernas e pés, de modo que parece estar desafiando a gravidade e exibindo qualidades estéticas desejáveis do ballet.

Força de resistência

Quando o corpo aterrissa de um salto ou executa movimentos em que se abaixa, como um *grand plié*, a **força de resistência**, contrária à força de sustentação, é o que impede o corpo de ceder à gravidade. Assim como a elevação, esse princípio também se vale de uma imagem mental de alongamento para cima. A força de resistência é outro princípio que contribui para a estética do ballet, o qual parece desafiar a gravidade.

Contrapeso

Ao executar uma extensão de perna para trás, as costas se movem para uma posição que balanceia o peso da perna. Ao aplicar o **contrapeso**, o tronco se inclina em posição ascendente, alongando-se em um ângulo ligeiramente projetado para a frente quando a perna de trabalho é elevada posteriormente a mais de 20 graus (Fig. 5.18). Nem todos os métodos da técnica de ballet usam o princípio do contrapeso.

Aplomb

Mover-se verticalmente tanto em movimentos ascendentes como em descendentes é uma habilidade que chamamos de ***aplomb***. O bailarino aprende a se movimentar tanto na horizontal como na vertical com facilidade. O *aplomb*, na condição de princípio do movimento, está diretamente associado ao alinhamento e, subsequentemente, à distribuição e à transferência de peso, à elevação e aos demais princípios.

Figura 5.18 Contrapeso.

Equilíbrio (*balance*)

No topo da pirâmide, o **equilíbrio** é o princípio que o dançarino emprega continuamente para reajustar o alinhamento das partes do corpo umas com as outras em uma pose ou durante um movimento. O equilíbrio é um princípio dinâmico que se relaciona com todos os outros princípios da pirâmide, em especial com o alinhamento.

Os princípios do movimento fundamentam o desenvolvimento da excelência técnica. Em uma aula de ballet para iniciantes, o aluno tem de se preocupar com vários detalhes, e ficar sempre atento aos princípios que vale incorporar em uma pose ou em um movimento, pois eles ajudam a aprimorar o desempenho técnica e esteticamente. Trata-se dos primeiros passos na construção da base do ballet como arte performática.

Direções do corpo

As direções do corpo são muito importantes na técnica de ballet. Elas se associam às partes do corpo, bem como ao corpo como um todo, quando ele se movimenta pelo espaço. O desenvolvimento de um senso preciso dessas direções começa pela localização dos pontos anatômicos na frente, nos lados e na parte de trás do corpo.

Os dançarinos usam três planos ao dançar pelo espaço: frontal, sagital e transverso (Fig. 5.19). O plano frontal é vertical e divide o corpo em frente e trás; o plano sagital também é vertical, mas divide o corpo em esquerda e direita; o plano transverso separa o corpo em metade superior e metade inferior. A compreensão desses planos está diretamente associada à compreensão do modo como o movimento, os princípios do movimento e a estética do ballet se relacionam. Mas, para entender como os planos estão relacionados com o movimento, o aluno precisa entender como esses planos se aplicam a seu próprio corpo. Cada dançarino tem atributos físicos únicos, portanto aguçar a percepção do posicionamento e da direção do corpo é uma tarefa individual.

O senso de direção do corpo é a consciência de quando o corpo se move para a frente, para trás ou para os lados em determinado espaço. Pode parecer simples desenvolver essa percepção, porém, na verdade, é bem complexo. O corpo pode se mover na horizontal em qualquer uma dessas direções, todavia o aluno também precisa ter segurança para se abaixar e se elevar, para saltar na vertical ou pelo ar. Além disso, o corpo pode acabar se movendo nas mais variadas direções, possivelmente acompanhado dos braços, cujos movimentos podem ser feitos em outra direção. Complicando ainda mais essa equação, a cabeça também

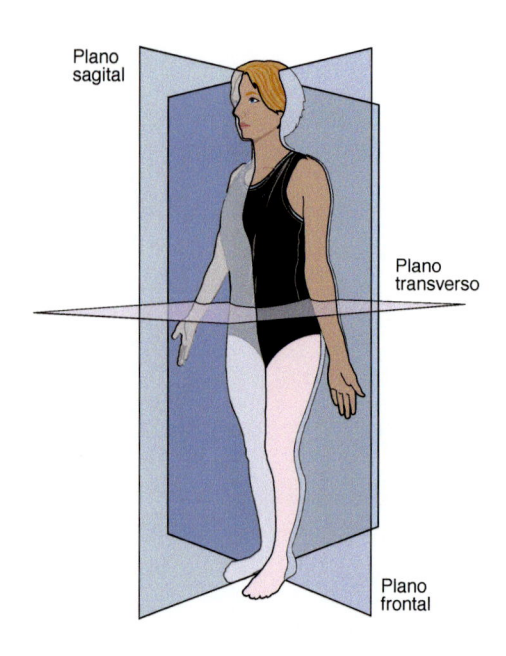

Figura 5.19   Planos do corpo.

pode se virar para uma variedade de direções. Embora toda essa complexidade pareça desafiadora, ela também contribui para o interesse e a graça do ballet.

Direções dos pés

O pé de trabalho se move em várias direções (Fig. 5.20). Entre as direções básicas estão:

- *devant* (na frente),
- *à la seconde* (na segunda posição/ao lado), e
- *derrière* (atrás).

Os exercícios e os passos são executados por movimentos de pernas e pés, ou por gestos que se estendem na frente, ao lado e atrás do corpo em padrões angulares ou circulares. Na execução de exercícios na barra em primeira, terceira e quinta posições, as marcações do corpo identificadas na atividade "Direções dos pés" mudam. Ao exercitar a definição das direções, o bailarino conquista cada vez mais precisão direcional e limpidez de movimento.

Tipos de sequências na barra

Em muitas aulas acadêmicas, o aluno aplica as teorias e se vale de tais aplicações para resolver determinado conjunto de problemas, que vão se tornando mais complexos à medida que ele aprende mais conceitos teóricos para pôr em prática. A aula de ballet usa um processo semelhante.

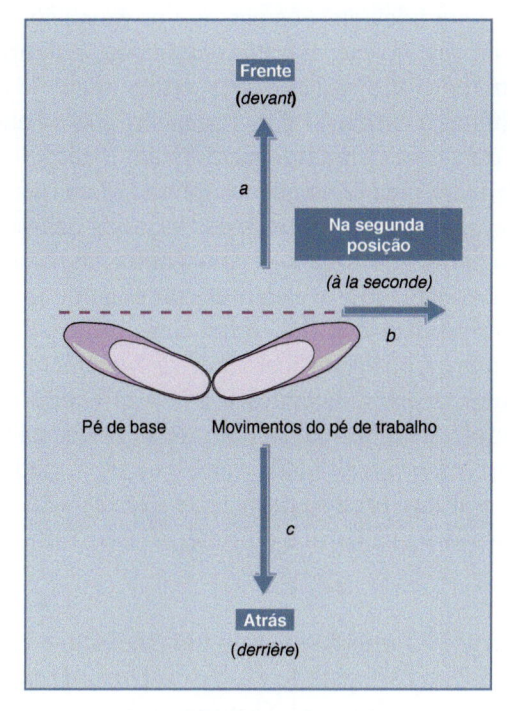

Figura 5.20 Direções dos pés.

Atividade

Direções dos pés

O bailarino deve encontrar cada uma destas direções:

Devant: para começar, o bailarino deve se colocar na primeira posição e usar a perna direita como perna de trabalho. Em seguida, passando o pé pelo solo, deve esticá-lo à frente alinhando-o com a orelha direita. Depois, quando for se colocar na quinta posição, essa linha vai se desviar para ficar alinhada com a parte de baixo do nariz.

À la seconde: o bailarino deve começar em primeira posição e usar a perna direita como perna de trabalho, esticando o pé para a direita, alinhando-o com o ombro direito. O hálux do pé de trabalho deve estar com a ponta alinhada em uma linha reta com o hálux de base.

Derrière: para começar, o bailarino deve se colocar na primeira posição e usar a perna direita como perna de trabalho. Então, passando o pé pelo solo, vai esticá-lo atrás de si, alinhando-o com a orelha direita. Depois, quando for se colocar na quinta posição, essa linha vai se desviar para ficar alinhada com a metade posterior da cabeça.

Em seguida, deve repetir o exercício com a perna esquerda como a perna de trabalho. O senso de direção é vital para a execução de sequências, por isso é importante desenvolvê-lo nos membros inferiores. Em conjunto, essas direções se combinam e criam os padrões que formam a dança.

Na aula de ballet para iniciantes, os passos e os exercícios se combinam para formar sequências mais longas. Ao executar tais sequências, o aluno pratica várias sequências de movimento em todas as direções e com certo número de repetições. Além disso, há os problemas inerentes à execução das sequências que o bailarino tem de resolver, por exemplo, como, quando e para onde movimentar o corpo durante a música. A resolução desses problemas é uma tarefa menos intimidadora quando o aluno está ciente de que as sequências são baseadas em padrões. Todos os padrões, assim como as direções dos exercícios na barra, relacionam-se com a linha mediana que divide o corpo em duas metades simétricas. Quando o bailarino compreende as direções e os padrões, consegue "pensar com a ponta dos pés" e fica mais preparado para sequências mais complexas à medida que amplia seu vocabulário de movimento.

Ao executar sequências para iniciantes, o aluno aprende a aplicar os princípios do movimento, por exemplo, ao antecipar mudanças no peso e na direção. A prática contínua de sequências aprimora a habilidade e amplia a capacidade de solucionar problemas, permitindo que o aluno torne-se proficiente na execução de sequências na barra. Aprender os modelos-padrão na barra é o primeiro passo rumo a esse objetivo.

En croix

O *en croix* (em cruz) é formado quando um exercício é realizado na frente, para os lados e atrás (Fig. 5.21). Esse padrão é a base a partir da qual o número de repetições do exercício aumenta ou diminui. O número de repetições pode se estender de quatro a oito repetições *en croix*, ou diminuir de quatro para duas e, depois, para uma repetição *en croix*. A passagem de quatro repetições *en croix* para duas e, finalmente, para uma requer preparação mental para tais mudanças direcionais e, considerando-se todos os aspectos em que o aluno tem de pensar durante a execução do exercício, essa tarefa pode ser desafiadora. Repetir várias vezes um exercício *en croix* fortalece a perna de base e desenvolve o senso espacial de frente (*devant*), lado (*à la seconde*) e trás (*derrière*) em relação às demais características do corpo.

Tanto o corpo como a mente precisam de tempo para dominar o sistema de repetições e direções, bem como para compreendê-lo e pô-lo em prática, especialmente quando o bailarino tem de pensar em tudo isso durante a sequência de movimentos que compõe cada exercício.

Outros padrões na barra

Com a evolução do curso para iniciantes, o aluno vai conhecer outros padrões além do *en croix*. Por exemplo, a alternação das pernas de trabalho, diante da barra, permite que a perna de base assuma rapidamente peso, postura e equilíbrio, enquanto a perna de trabalho executa o exercício.

Outro padrão que às vezes é utilizado depois de algum tempo no curso para iniciantes é: frente, trás e duas repetições para o lado. Assim como no *en croix*, os passos nesse padrão podem

> ## Dica técnica
>
> Relembrar a sequência de movimentos e visualizá-la é vital para aprendê-la. Dizer as palavras de ação para si mesmo é outro meio de relembrar a sequência. Repetir essas palavras enquanto as imagens do movimento são repassadas mentalmente ajuda a encadear os movimentos.

ser repetidos quatro, oito, duas ou apenas uma vez.

Embora a maioria dos exercícios sejam executados com base nesses padrões, outro tipo de padrão usado na barra é desenhar um meio-círculo no chão com a perna de trabalho. Geralmente, o movimento desses padrões circulares começa no quadril e engloba a perna inteira, ou então a parte inferior da perna, desde o joelho, o que descreve o padrão circular ou angular.

Os exercícios de barra geralmente combinam dois ou mais passos. Eles costumam se complementar no andamento, no padrão ou na forma e aumentam a amplitude do exercício anterior. Ou podem ser executados em conjunto, como em sequências de *battement frappé* e *petit battement sur le cou-de-pied*.

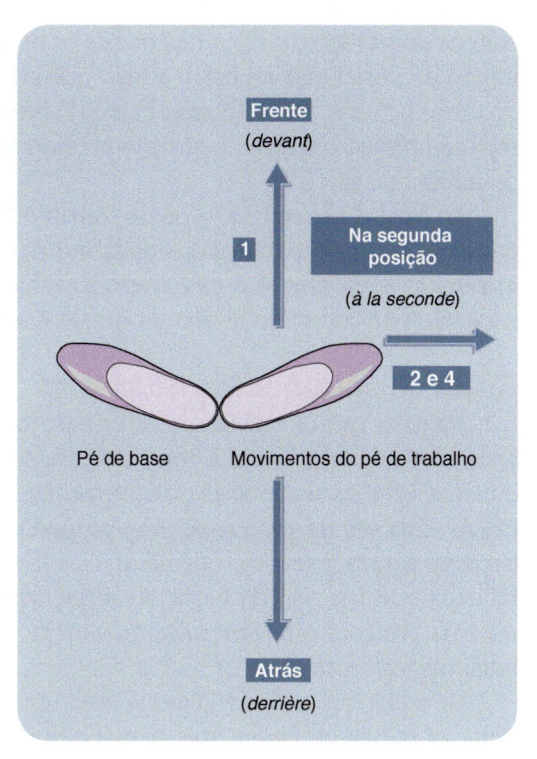

Figura 5.21   *En croix.*

Introduções e terminações na barra

Os exercícios na barra e as sequências no centro começam com a preparação – um movimento introdutório na música. Também incluem uma terminação. A introdução e a terminação têm diversas funções:

- Estabelecer a presença cênica do bailarino.
- Ganhar a atenção do público.
- Estabelecer o andamento e o tom da execução da sequência.

As introduções devem ser cuidadosamente realizadas para manter a compostura e a presença cênica do bailarino, para que ele possa demonstrar sua confiança e conquistar a atenção do público que verá a sequência em cena. Ao executar as introduções e as terminações o aluno atua com a atitude de um dançarino profissional, o que faz parte do desenvolvimento da maestria nos níveis iniciais do ballet.

Na barra, a introdução é um *port de bras* e também pode incluir um movimento preparatório do pé de trabalho. Colocado na posição inicial, o aluno pode fazer o primeiro *port de bras* com um ou com os dois braços. Se estiver de frente para a barra, ao final do primeiro *port de bras*, ambas as mãos repousam na barra, afastadas na distância do ombro. Outra maneira de posicionar as mãos é apoiá-las sobre a barra com os punhos cruzados.

Se o aluno usar apenas uma mão na barra, pode executar o *port de bras* com um ou com os dois braços. Se decidir fazê-lo com apenas um braço, deve posicionar a mão que estiver mais perto da barra à frente do ombro, mantendo o cotovelo abaixo. Se o fizer com os dois braços, o instante em que os braços se abrem na segunda posição, é o momento de posicionar na barra a mão que estiver mais perto dela, mantendo-a à frente do ombro com o cotovelo para baixo. O braço que está do lado de fora permanece na segunda posição, retorna à posição preparatória ou assume alguma outra posição antes do início do exercício.

Ao final do exercício, o pé de trabalho fecha na posição final, e os braços voltam para a posição preparatória; o bailarino deve se manter nessa posição. É comum os movimentos de braços e pés serem simultâneos no fim da música, indicando que o exercício está completo. É como o ponto-final de uma frase de movimento.

Tipos de sequências no centro

Na parte central da aula de ballet para iniciantes, o aluno explora uma grande variedade de sequências lentas e contínuas, ou em adágio, e sequências rápidas e animadas, ou em *allegro*. As sequências no centro começam simples, praticando-se apenas com um pé. As direções do pé e o *en croix* proporcionam a estrutura formal para a prática de barra no centro, exercício que desafia e aprimora o desenvolvimento da força e da estabilidade sem o apoio da barra. As sequências em adágio são direcionais e repetem as mesmas posições ou os mesmos movimentos que se estendem gradualmente em frases musicais mais longas.

Uma vez que o aluno já esteja acostumado com as sequências de um passo em *allegro*, as sequências com dois passos são introduzidas para treinar a ligação entre os passos. Ao fim do semestre do curso, as sequências em *allegro* geralmente incluem três passos diferentes.

Introduções e terminações no centro

Ao se preparar para executar uma sequência no centro, o bailarino coloca-se de frente para a direção em que vai começar, assume a posição preparatória inicial de pernas e braços e ouve a introdução musical. Durante a introdução, executa o *port de bras* que pode ser acompanhado ou não de movimentos do pé. Ao fim da sequência, o pé se fecha na posição final, os braços voltam à posição preparatória, e essa pose é mantida.

Dinâmica de sequências no centro

Assim como na barra, na parte central da aula, uma introdução e uma terminação tradicionais de ballet estruturam as sequências. Se o objetivo de uma sequência é a prática de um passo específico, então a execução com os dois lados do corpo deve ser o foco.

Um dos objetivos da aula para iniciantes é a execução do vocabulário de exercícios e passos de ballet com competência básica, o que significa saber e conseguir executar os passos e, então, as sequências de um ou mais passos. Memorizar as ações dos pés e das pernas requer tempo. Compor esse tipo de memorização desenvolve uma forte conexão entre corpo e mente, parte fundamental do aprendizado e do desempenho na técnica de ballet. Em geral, uma sequência de três passos tem um padrão. Normalmente, o primeiro passo é introdutório, seguido por outros dois passos, ou há um passo principal que se repete e um passo de terminação. Embora a sequência tenha três passos, a repetição do passo principal ou dos dois passos completa o padrão da frase musical de quatro tempos.

Alternância de sequências

Assim como nos exercícios de barra, todas as sequências de centro são executadas de ambos os lados. Esse esquema de alternância ajuda o aluno a praticar o movimento dos dois lados do corpo e equilibrar o desenvolvimento de ambos os lados. Primeiro, o aluno faz a sequência de um lado e repousa antes de começar a fazê-la do outro. Depois, deve executar os dois lados da sequência ou repetir as alternâncias algumas vezes para ampliar a duração da sequência.

As sequências do centro podem ser feitas de uma lateral para a outra, em diferentes direções, ou atravessando-se a sala; o bailarino então tem de antecipar as mudanças de direção enquanto preserva seu espaço pessoal e dança junto de seu grupo ou de todos os colegas de classe. No ballet para iniciantes, a principal mudança de direção geralmente ocorre ao fim da sequência, quando o aluno vai trocar de lado. Posteriormente, essas mudanças de direção podem ser incorporadas à sequência à medida que os passos se dirigem para uma direção e em seguida para outra.

Resumo

Os fundamentos da técnica de ballet abrangem as cinco posições dos pés, as posições dos braços e o *port de bras*. Os princípios do movimento são a base da movimentação de uma posição para outra nas sequências de dança. A aula de ballet para iniciantes inclui alguns padrões para a execução de exercícios na barra e no centro. Na parte central da aula, a prática das direções do corpo e dos movimentos em relação às direções do palco prepara o bailarino para que ele possa atuar nos mais diversos espaços. Do mesmo modo, para executar as sequências iniciais de centro, é necessário repetir os passos e aprender a transferir o movimento para começá-lo com o outro pé.

6

Na barra

A barra é a primeira parte da aula de ballet e é o que sedimenta a base da técnica. Nela, o aluno aprende, pratica e aperfeiçoa os passos e os exercícios. Começar a aula pela barra deixa o aluno em sintonia com corpo, mente e movimento.

A palavra *barra* pode ter dois significados: pode ser o instrumento, geralmente feito de madeira, que os dançarinos utilizam para aprimorar o equilíbrio enquanto executam os exercícios, ou pode ser uma série de exercícios para aquecer o corpo e desenvolver a habilidade para a realização dos exercícios no centro. Este capítulo apresenta uma série de exercícios que compreende os exercícios pré-barra, que preparam o dançarino para a prática da barra no início da aula e para o centro, bem como exercícios básicos de ballet.

Nas aulas de ballet para iniciantes, a princípio os alunos fazem os exercícios de barra de frente para o equipamento e depois os fazem com uma das mãos apoiadas sobre a barra. Há certos protocolos que devem ser seguidos ao posicionar-se na barra, entre eles:

- Determinar o espaço pessoal considerando-se a extensão de pernas e braços.
- Tradicionalmente, os exercícios começam com o pé direito.

- Em cada exercício, antes de a música começar, o aluno deve posicionar-se ajustando os braços na posição preparatória para demonstrar que está física e mentalmente pronto para começar o movimento.
- Na finalização de cada exercício, a posição final deve ser mantida com os braços na posição preparatória, demonstrando-se a conclusão do movimento.

O professor talvez apresente regras e protocolos adicionais ou diferentes, dependendo do conjunto de objetivos da aula. O Capítulo 2 aborda as regras e os protocolos gerais da aula de ballet.

Posicionamento na barra

O próprio aluno pode escolher em que local da barra vai se posicionar, ou o professor determina uma posição para ele. Ao decidir ficar em uma das extremidades da barra, o bailarino tem a responsabilidade de ser capaz de executar o exercício imediatamente após a apresentação do professor, liderando os demais alunos durante a execução de um dos lados. Ao continuar o exercício do outro lado, ele tem de saber transpor o movimento usando a outra perna de trabalho. Por isso, antes de tomar essa decisão, o aluno precisa avaliar se está pronto para o desafio.

De frente para a barra

É necessário manter uma distância confortável da barra ao posicionar-se de frente para ela. Para tanto, o aluno deve deixar os cotovelos próximos ao corpo e pôr as mãos em cima da barra, repousando os dedos ao redor dela. Os antebraços são esticados para a frente junto das mãos, que já estão sobre a barra, mas ficam alinhados com os ombros, ou podem ser cruzados à altura dos punhos enquanto as mãos se apoiam levemente na barra (Fig. 6.1). Às vezes é preciso ajustar a posição para a frente ou para trás até se achar a distância ideal da barra.

Uma das mãos sobre a barra

Para estabelecer uma distância confortável quando estiver com apenas uma mão apoiada sobre a barra, o aluno deve colocar a mão à frente do corpo e então levá-la até a barra, repousando os dedos ao redor dela (Fig. 6.2). O cotovelo deve permanecer flexionado, para baixo, próximo da lateral do corpo e não deve ser elevado; elevar o cotovelo compromete o alinhamento e o equilíbrio corporal. A posição da mão na barra pode ser ajustada para a frente ou para trás durante o exercício. Por exemplo, quando a perna de trabalho é estendida a mais de 45 graus, é preciso deslizar a mão um pouco para a frente durante o contrapeso, mas depois ela volta à posição inicial quando o bailarino retoma a posição de alinhamento vertical. Após a conclusão de um exercício em que apenas uma mão se apoia na barra, o aluno pode trazer o braço que está mais perto da barra para a posição preparatória, virar-se em direção ao equipamento para mudar a direção e então começar o exercício do outro lado.

> ### Dica técnica
>
> Tradicionalmente, os dançarinos se posicionam primeiro com a mão esquerda sobre a barra, e o pé direito, que é o pé externo, para começar o exercício. Depois, eles se viram para executar o exercício com o pé esquerdo.

Figura 6.1 De frente para a barra: (*a*) braços para a frente; (*b*) antebraços cruzados na barra.

Exercícios pré-barra

Os **exercícios pré-barra** aquecem algumas partes do corpo, aumentam a flexibilidade da articulação e ajudam a regular a mente e a respiração para os exercícios na barra que virão em seguida. Eles aquecem, especificamente, pernas, pés, quadris, joelhos e tornozelos. O aquecimento pré-barra pode ser uma parte da aula ou, talvez, o aluno prefira fazê-lo individualmente ao se preparar para a aula. Posteriormente, os exercícios pré-barra podem ser incorporados aos exercícios de barra e de centro.

Exercícios para os pés

Os exercícios para os pés ajudam a aperfeiçoar as competências básicas dos pés, que incluem ponta e *flex*, exercícios de meia-ponta e ponta e *battements*, habilidades que preparam o bailarino para fazer pontas, elevações em meia-ponta (*relevés*), equilíbrios (*balances*) e saltos. A prática de exercícios para os pés desenvolve a articulação no pé e no tornozelo, o que é crucial para a técnica de ballet. Os exercícios para os pés aplicam princípios de movimento que aumentam

Figura 6.2 Uma das mãos sobre a barra.

o equilíbrio sobre as duas pernas e também sobre apenas uma, melhoram a transferência de peso, a sustentação (elevação) e o alinhamento. Esses exercícios precedem os movimentos para os pés na barra, os exercícios de barra no centro e as sequências no centro.

Os exercícios básicos de barra são repetidos oito vezes, depois quatro, duas ou apenas uma vez antes da execução do mesmo número de repetições com o outro pé. O desafio é maior se o exercício for transferido de um pé para outro depois de poucas repetições, porque isso requer um raciocínio rápido sobre cada parte do exercício e a aplicação simultânea dos princípios de movimento. Posicionar as mãos ou a ponta dos dedos sobre a barra ou retirá-las do equipamento durante os exercícios para os pés é ainda mais desafiador para a manutenção do equilíbrio, mas é útil para dançar no centro.

Ponta e *flex*

Fazer ponta de pé no chão ou no ar com o pé de trabalho faz parte da estética do ballet. A maneira como o bailarino faz a ponta é importante no desenvolvimento da linha corporal e da técnica. O pé esticado começa pela articulação do tornozelo. A parte superior do pé se alonga ao se estender e eleva o arco e o calcanhar em direção à perna, fazendo do pé uma extensão da parte de baixo da perna. Quando o pé fica em ponta, os dedos ficam esticados como na posição **pointe tendu** no solo, em que apenas as pontas do primeiro, do segundo e do terceiro dedos tocam o chão. No ar, os dedos se estendem alongados com todo o pé (Fig. 6.3). Quando o pé está esticado e os dedos estão estendidos no ar como resultado de um passo que o pé deslizou pelo chão, de uma elevação ou de um salto, a extensão retorna pelos dedos, metatarsais e calcanhar em um *demi-plié*. A flexibilidade e a articulação do pé permitem que o aluno aprenda a lidar com as transferências de peso de dois pés para um ou de um pé para o outro. Quando o bailarino faz uma elevação de pé e perna com movimentos com transferências de peso, a ideia é parecer que não há esforço. A prática desse exercício prepara o aluno para tais usos fundamentais com o pé esticado.

O pé em *flex* é o oposto do pé esticado. A **flexão de pé** começa na articulação do tornozelo com o calcanhar se projetando para a frente e continua ao longo de todo o pé, com os dedos impulsionados para trás, na direção da perna de trabalho (Fig. 6.4).

Figura 6.3   Pé esticado (*a*) no solo e (*b*) no ar.

De frente para a barra e começando em primeira posição, o bailarino arrasta o pé direito até ficar completamente esticado na frente (*devant*). Então começa a flexão com o calcanhar se projetando para a frente e articulando o movimento por todo o pé e pelos dedos. Em seguida, o movimento oposto é feito até o pé e os dedos ficarem totalmente esticados.

Embora a ponta e o *flex* tenham sido explicados na posição *devant*, eles também são executados *à la seconde*, *derrière* e *en croix*. As sequências em ponta e em *flex* são repetidas oito, quatro ou duas vezes em cada direção. O aluno pode executar esse exercício com o pé esticado primeiro no chão e depois no ar. Durante o exercício, tanto a perna de trabalho como a de base permanecem *en dehor*.

Figura 6.4 Pé em *flex*.

Exercícios de meia-ponta

Nos **exercícios de meia-ponta**, o pé se alonga da posição com o pé inteiro apoiado no chão até uma posição em meia-ponta alta, mantendo os dedos e os metatarsais no solo. Na primeira posição, a elevação começa pelo calcanhar e continua por todo o pé até que apenas os dedos e os metatarsais permaneçam no chão. O objetivo é pressionar o pé e elevá-lo até um ponto em que ele fique perpendicular ao solo enquanto os metatarsais e todos os outros dedos permanecem no chão. Ao retornar à posição com o pé inteiro no chão, o calcanhar resiste à medida que o pé retorna ao solo. Para treinar força e resistência, o bailarino pode imaginar que tem de resistir a uma força externa em sentido descendente. Do mesmo modo, pode visualizar um caminho direto em sentido ascendente e também descendente ao longo de uma linha imaginária que divide o triângulo do pé em duas partes. Isso ajuda a fazer conexões cinestésicas para corrigir aterrissagens centralizadas no triângulo do pé.

Exercícios para subir na ponta

Os **exercícios para subir na ponta** são uma extensão dos exercícios de meia-ponta, mas com o pé inteiro se elevando do chão para fazer a ponta. A ação começa com uma rápida elevação que se desencadeia a partir do tornozelo e vai se desenvolvendo por todo o pé. A extremidade dos dedos do pé esticado fica em contato com o chão.

O movimento de subida é gerado pela ação de impulsionar o pé para subir na ponta rente ao chão. Durante o impulso, o joelho se dobra, e uma linha se estende desde a parte inferior da perna, percorrendo toda a extensão do pé esticado. Na ação de retorno, os dedos são os primeiros a tocar o chão, seguidos pela articulação dos metatarsais até se chegar à posição com o pé inteiramente apoiado no chão.

O aluno pode executar toda a sequência de exercícios de ponta primeiro com um pé e depois com o outro, com os pés paralelos ou na primeira ou na quinta posição com os pés *en dehors*. Mudar de um pé para o outro com o corpo elevado e sustentado durante os exercícios de ponta pode ser desafiador. Para fazer bonito, o aluno deve apenas encostar a ponta dos dedos da mão ou, para se propor um desafio final, pode tirar as mãos da barra;

a princípio pode ser difícil, mas a prática dessa habilidade ajuda a controlar o equilíbrio e a transferência de peso ao mesmo tempo que trabalha a agilidade do tronco por meio da mobilização dos músculos abdominais, preparando o corpo para dançar no centro.

▶ Battements

Outra sequência de exercícios para os pés são os **battements**. Esse exercício ajuda o aluno a desenvolver a habilidade de mover rápido o pé de uma posição em que está inteiramente apoiado no chão para uma posição com a ponta do pé em contato com o chão, começando na altura da articulação do tornozelo. O movimento de retorno pode ser uma articulação rápida ou lenta. Assim como nos outros exercícios, o aluno pode executar o *battement* várias vezes com o mesmo pé e então fazer o mesmo número de repetições com o outro pé. O número de repetições pode ir diminuindo, o que requer mais atenção à transferência de peso, a qual, se for trabalhada depois de cada *battement*, mantendo-se o tronco elevado e ágil com os músculos abdominais mobilizados, prepara o bailarino para executar os passos no centro.

▶ Relevé

Após a prática dos exercícios de meia-ponta, o passo seguinte é o **relevé**. Com as sapatilhas devidamente calçadas, o bailarino deve ficar em meia-ponta alta, posição em que apenas os dedos e os metatarsais se apoiam no chão (Fig. 6.5). O exercício começa com um *demi-plié*, e rapidamente os calcanhares saem do chão de forma simultânea na primeira, na segunda ou na terceira posição para o *relevé* em meia-ponta alta.

Ao se equilibrar no *relevé* em meia-ponta alta, o bailarino pode tirar as mãos da barra. O ideal é manter-se equilibrado durante uma contagem de 4 a 8 tempos ou mais. O aluno pode apoiar as mãos na barra novamente antes de retornar à posição com o pé inteiro apoiado no chão, porém, se preferir, pode continuar com as mãos fora da barra.

Posições com pé ativo

Em uma posição com pé ativo, a perna de trabalho pode estar sobre o chão ou posicionada em algum dos diferentes pontos da perna de base. Tais pontos podem ser na frente ou atrás do tornozelo, na metade da parte inferior da perna, na lateral do joelho ou atrás dele. O Capítulo 5 apresenta um panorama dos tipos de posições com pé ativo, que começam em uma posição clássica, geralmente a quinta posição. Da posição com o pé inteiro apoiado no chão, o pé de trabalho é suavemente retirado do solo e levado para uma posição em ponta. Enquanto isso, o peso do corpo rapidamente é transferido para a perna de base, os músculos abdominais se mobilizam, e o tronco se alonga à medida que o peso se centraliza e se distribui sobre a perna de base.

Dica de segurança

Praticar exercícios de aquecimento pré-barra antes do início ou ao longo da aula prepara o corpo para atender às demandas contínuas dos exercícios de barra, previne lesões e deixa o aluno pronto para os exercícios de alongamento ao final da aula. O bailarino pode criar um aquecimento que inclua exercícios gerais bem como exercícios para prevenir lesões e exercícios específicos que tenha achado particularmente benéficos para si.

Figura 6.5   *Relevé* em meia-ponta alta.

Figura 6.6   *Pointe tendu.*

Pointe tendu (**ponta esticada**): no solo, o pé fica esticado em várias direções ou como parte da pose (Fig. 6.6).

B+ (*attitude derrière pointe tendu à terre*): sustentando--se sobre um pé, o bailarino dobra o joelho da perna de trás com o pé esticado e a ponta do hálux em contato com o solo. Na posição B+ tradicional, as mulheres mantêm os joelhos unidos, e os homens mantêm os joelhos ligeiramente afastados (Fig. 6.7). A B+ é uma posição inicial alternativa à quinta posição para sequências no centro.

Sur le cou-de-pied (**com o dorso do pé**): essa posição pode ser executada na frente ou na parte de trás do pé de base. No *sur le cou-de-pied*, o pé de trabalho é colocado em várias posições (Fig. 6.8), dependendo do método de ballet que é seguido.

Figura 6.7   Posição B+.

No método Cecchetti, os dedos e os metatarsais do pé de trabalho se mantêm sobre o chão, na frente ou atrás do tornozelo do pé de base (Fig. 6.8*b*). Dançarinos iniciantes geralmente usam essa posição no *petit battement sur le cou-de-pied*.

Depois, os dedos e os metatarsais saem do chão para uma posição com o pé esticado na frente ou atrás do tornozelo.

No método russo, o pé de trabalho faz *flex* à altura do tornozelo, de modo que fica paralelo ao chão, com os dedos virados para cima. A parte interior do calcanhar do pé de trabalho se mantém sobre a parte de cima do osso do tornozelo do pé de base, diretamente na frente ou atrás. Essa versão da posição geralmente é usada no *battement frappé* e no *petit battement sur le cou-de-pied*.

Figura 6.8   (a) *Sur le cou-de-pied devant*; (b) *sur le cou-de-pied devant*, praticado com os dedos e os metatarsais no chão. Essa posição alternativa do método Cecchetti é usada no aprendizado do *petit battement sur le cou-de-pied.*

Coupé devant (**corte na frente**): o joelho da perna de trabalho é dobrado. O pé fica esticado, e a lateral do dedo mínimo do pé de trabalho fica em contato com a frente da perna de base, um pouco acima do maléolo (osso) do tornozelo (Fig. 6.9).

Coupé derrière (**corte atrás**): o joelho da perna de trabalho é dobrado. O pé fica esticado, e a parte interior do calcanhar fica em contato com a parte de trás da perna de trabalho, um pouco abaixo da metade da distância entre o joelho e o tornozelo (Fig. 6.10).

Retiré devant (**retirado na frente**): a lateral do dedo mínimo mantém-se abaixo do joelho na parte da frente da perna de base (Fig. 6.11).

Retiré derrière (**retirado atrás**): a parte interior do calcanhar do pé de trabalho se mantém atrás do joelho da perna de base (Fig. 6.12).

Relevé (**elevado**) **na primeira posição**: na primeira posição, as pernas fazem *demi-plié* e se elevam para o *relevé* em meia-ponta alta, em que apenas os dedos e os metatarsais ficam sobre o chão. Ao retornar, os pés descem juntos para a posição com o pé inteiro no chão, e as pernas finalizam com *demi-plié*.

Relevé (**elevado**) **na segunda posição**: na segunda posição, as pernas fazem *demi-plié* e se elevam para o *relevé* em meia-ponta alta; apenas os dedos e os metatarsais ficam sobre o chão. Ao retornar, os pés descem juntos para a posição com o pé inteiro no chão, e as pernas finalizam com *demi-plié*.

Os *relevés* são executados em todas as posições de pés. Normalmente, dançarinos iniciantes praticam entre 4 e 8 *relevés* em uma posição e finalizam equilibrando-se no *relevé* (em posição elevada) com as mãos fora da barra ou apoiadas nela.

Figura 6.9   *Coupé devant.*

Figura 6.10   *Coupé derrière.*

Figura 6.11   *Retiré devant.*

Figura 6.12   *Retiré derrière.*

Se os *relevés* são executados em mais de uma posição, a perna de trabalho faz um *pointe tendu* para mudar de uma posição para outra.

Sous-sus (de baixo para cima): começando na quinta posição, as pernas fazem *demi--plié* e vão para o *relevé* em meia-ponta alta com os dois pés. Tanto as pernas como os pés se pressionam um contra o outro na quinta posição em *relevé*. Para descer, o tronco se ergue para permitir que ambos os pés deslizem simultaneamente de volta para a quinta posição, e as pernas finalizam com *demi-plié*.

Exercícios de barra

Os exercícios de barra apresentados neste capítulo seguem a ordem em que são executados na barra de ballet tradicional. Talvez os exercícios de barra não sejam ensinados nessa ordem no começo das aulas de ballet, mas, ao final do semestre, a barra certamente contará com a maioria dos exercícios apresentados neste capítulo. Os diferentes métodos de ballet executam os exercícios de barra de modo similar, contudo, às vezes, em ordem diferente.

Cada exercício de barra conta com definição, objetivo e descrição. Alguns exercícios básicos de barra são seguidos por variações e, geralmente, essas variações são praticadas não só como exercícios individuais, mas também como exercício básico para prolongar as sequências.

Os exercícios de barra são iniciados nas posições clássicas. Na aula de ballet para iniciantes, o aluno aprende os exercícios começando na primeira posição e depois também começa na terceira ou na quinta posição (ver Cap. 5).

Antes de cada exercício, o bailarino permanece na posição inicial e executa uma introdução com a música. Em alguns casos, a introdução é um *port de bras*, mas para alguns exercícios os pés se movimentam para acompanhar o *port de bras* como parte da introdução. Na aula de ballet para iniciantes, a introdução pode durar 2 ou 4 tempos antes de o exercício começar.

▶ *Demi-plié*

Definição

Movimento em que os joelhos são medianamente flexionados.

Objetivos

- Aquecer o quadril, os joelhos e as articulações dos tornozelos.
- Aumentar a força e a flexibilidade da parte inferior da perna.
- Aplicar os princípios de alinhamento, postura, *en dehors* e distribuição de peso.

Descrição

Para executar um *demi-plié*, o aluno se coloca em uma posição clássica de pés e então se abaixa flexionando os joelhos o máximo que conseguir, mantendo os pés completamente apoiados no chão. Em seguida, retorna à posição inicial. O *demi-plié* deve ser executado na primeira, segunda, terceira, quarta e quinta posições.

O *en dehors* deve ser mantido desde o quadril e, antes de flexionar os joelhos, estes devem ser alinhados acima do segundo e do terceiro dedos de cada pé. Na segunda posição, as pernas são dobradas metade do que o seriam para um *grand plié*.

▶ *Grand plié*

Definição

Movimento em que os joelhos são flexionados ao máximo.

Objetivos

- Alongar os músculos da parte interior da coxa além daqueles da parte inferior da perna.
- Aplicar os princípios de alinhamento, *en dehors*, distribuição de peso, perpendicularidade e força de resistência.

Descrição

Primeiro o aluno executa um *demi-plié* e então aprofunda a descida até que as coxas fiquem paralelas ao chão. Os calcanhares saem do chão apenas o necessário para a descida e voltam o mais rápido possível na subida. Ambos os joelhos se flexionam e depois se esticam ao mesmo tempo.

Executado em todas as posições, o *grand plié* é um movimento vertical contínuo, e o tempo que leva para descer é o mesmo que leva para subir. O peso do corpo é igualmente distribuído sobre as duas pernas e, à medida que o bailarino desce, o corpo opõe força de resistência para cima. Na subida, o corpo permanece erguido, dando a impressão de que o bailarino está flutuando sobre as pernas.

Na segunda posição, o espaço entre os pés pode ser de uma vez até uma vez e meia o comprimento do pé ou a distância entre os ombros. Nessa posição, o bailarino se abaixa até que suas coxas fiquem paralelas ao chão, mas os pés permanecem inteiramente apoiados no chão durante todo o *grand plié*.

Battement tendu

Definição

Batimento esticado.

Objetivos

- Aumentar a flexibilidade do tornozelo.
- Desenvolver a extensão completa e o alinhamento adequado do pé com a perna.
- Aplicar os princípios de alinhamento, postura, *en dehors*, distribuição e transferência de peso e perpendicularidade.

Descrição

O aluno começa na primeira posição no início e depois passa a executar na terceira ou na quinta posição. Da posição com o pé inteiro apoiado no chão, o pé de trabalho desliza pelo solo enquanto é estendido pelo arco, então pelos metatarsais até ficar completamente esticado. Já esticada, a ponta dos três primeiros dedos se mantém sobre o chão, e o calcanhar é elevado para a frente. No caminho de volta, o pé começa a ser flexionado pelos dedos, então pelos metatarsais, pelo arco e por fim retorna à posição em que está inteiramente apoiado no chão e desliza para fechar a posição. O aluno deve praticar o *battement tendu devant*, o *à la seconde* e o *derrière*. Para o *battement tendu à la seconde*, o pé de trabalho desliza e fica esticado, alinhado com o hálux de base (método Cecchetti) ou alinhado com o calcanhar de base (método russo).

▶ *Battement tendu* com *demi-plié*

Definição
Batimentos estendidos com a perna medianamente flexionada.

Objetivos
- Conjugar dois exercícios sem interromper o movimento.
- Coordenar movimentos da perna de base e da perna de trabalho (a perna de trabalho executa o movimento para fora, enquanto a perna de base executa o movimento descendente e o ascendente.)

Descrição
O *battement tendu* com *demi-plié* é uma sequência de dois exercícios. No retorno do *battement tendu*, a perna de trabalho e a de base executam um *demi-plié*. Ambas as pernas descem no *demi-plié* quando o pé de trabalho fecha a posição. Do *demi-plié*, o *battement tendu* seguinte começa quando as pernas se esticam simultaneamente, na parte de extensão do exercício, e é finalizado quando o pé de trabalho está totalmente esticado.

▶ *Battement tendu relevé*

Definição
Batimentos estendidos e elevados.

Objetivos
- Desenvolver a habilidade de transferir o peso de dois pés para um pé e vice--versa.
- Aprimorar o equilíbrio.

Descrição
O *battement tendu relevé* começa com a extensão da perna de trabalho até o pé ficar esticado. O peso é transferido igualmente da perna de base para as duas pernas. O pé de trabalho recebe o peso nos dedos até que fique completamente apoiado no chão. Para trazer o peso de volta para a perna de base, o aluno faz ponta com o pé de trabalho e o arrasta de volta para a posição inicial. O *battement tendu relevé* pode ser executado com ou sem *demi-plié* quando o peso é transferido para ambas as pernas na posição com o pé inteiro apoiado no chão. Depois que o pé de trabalho volta para a posição esticada, ele é arrastado de volta à posição inicial em *demi-plié*.

▶ *Battement dégagé* ou *jeté*

Definição
Batimentos que saem do chão como se tivessem sido desengatilhados (*dégagé*) (método Cecchetti) ou jogados (*jeté*) (método russo).

Dançarinos executando *battement dégagé* ou *jeté* na barra.

Objetivos

- Facilitar movimentos rápidos, precisos e pequenos da perna e do pé de trabalho em todas as direções.
- Desenvolver a completa articulação do pé e a extensão do tornozelo.
- Aplicar os princípios de alinhamento, *en dehors*, postura, distribuição e transferência de peso.

Descrição

Na posição com o pé inteiro apoiado no chão, o pé de trabalho é vigorosamente arrastado em um movimento de *battement tendu* e estendido em ponta fora do solo. O *battement* é esticado aproximadamente a uma altura de 5 a 7 cm do chão ou 20 graus. No movimento de retorno, o pé de trabalho é arrastado em ponta de volta à posição em que fica completamente apoiado no chão.

Petit battement piqué ou battement tendu jeté pointe

Definição

Batimentos esticados, jogados e em ponta.

Objetivos

- Trabalhar a unidade da perna em *en dehors* e do pé esticado.
- Desenvolver o senso de direção.

Descrição

O pé de trabalho é arrastado no movimento do *battement dégagé*. Com o joelho e o pé esticados, o hálux toca ligeiramente o chão ou dá uma batidinha (*piqués*) nele e retorna ao *battement dégagé*. O bailarino pode executar mais de um *piqué* em determinada direção antes de encerrar o movimento ou de começar na direção seguinte.

▶ *Battement dégagé en cloche*

Definição

Batimentos desengatilhados enquanto a perna balança tal qual o pêndulo de um sino.

Objetivos

- Desenvolver a liberdade da perna de trabalho, movimentando-a tanto para a frente como para trás desde a articulação do quadril.
- Desafiar o controle das costas e do quadril ao mesmo tempo que é mantida a sustentação do equilíbrio e da estabilidade da perna de base.
- Exigir que o restante do corpo fique parado e mantenha a perpendicularidade e a força de sustentação durante os movimentos de balanço.

Descrição

O pé de trabalho é deslizado da posição em que fica completamente apoiado no chão até o *battement dégagé*. Então, toda a perna de trabalho é levada da primeira posição à posição oposta: *devant* (na frente) ou *derrière* (atrás). Este exercício normalmente é executado em séries e pode ser finalizado com uma posição aberta ou fechada.

Rond de jambe à terre

Definição

Movimento circular da perna, descrito pelo pé esticado passando pelo solo (o movimento circular descreve um meio-círculo em duas direções).

Objetivos

- Desenvolver os movimentos rotatórios em ambas as direções da perna e do pé de trabalho e trabalhar o *en dehors*.
- Isolar o movimento da perna e do pé de trabalho enquanto a pelve permanece imóvel.
- Aplicar os princípios de alinhamento, *en dehors* e distribuição de peso.

Descrição

A preparação do *rond de jambe à terre* muda à medida que a aula de ballet para iniciantes progride. A preparação simples começa na primeira ou na quinta posição e é executada com um *battement tendu à la seconde*, sendo então finalizada na primeira posição. Conforme o bailarino se torna mais experiente, pode executar um *battement tendu devant* com a perna de base em *demi-plié*. Enquanto a perna de trabalho executa um *demi-rond de jambe à la seconde*, a perna de base se estica, e a perna e o pé esticados se movem para um *pointe tendu derrière*, preparando-se para uma série de *ronds de jambe*. Se o bailarino iniciar o *rond de jambe à terre en dedans* como um exercício separado, a preparação começa com a perna de base em *demi-plié* e o pé de trabalho sendo arrastado para um *pointe tendu derrière*, seguido da execução de um *demi-rond de jambe en dedans à la seconde*, então a perna de base se estica, e a perna e o pé esticados se movem para um *pointe tendu devant*, preparando-se para uma série de *ronds de jambe en dedans*.

Rond de jambe à terre en dehors

Definição

Movimento circular da perna para fora, sobre o solo, que afasta a perna de trabalho da perna de base.

Descrição

O pé de trabalho é arrastado do *pointe tendu à la seconde* ou *derrière* para a posição com o pé inteiro apoiado no chão, na primeira posição, e então para o *pointe tendu devant* (na frente). A perna de trabalho descreve um meio-círculo com o hálux em contato com o solo no movimento *à la seconde e derrière* ou em sentido horário. Normalmente, são executados oito *ronds de jambe à terre en dehors* antes de se mudar a direção do exercício.

Rond de jambe à terre en dedans

Definição

Movimento circular da perna para dentro, sobre o solo, na direção da perna de base.

Descrição

O *rond de jambe à terre en dedans* faz o caminho inverso do *en dehors*. A perna de trabalho descreve um meio-círculo com o hálux em contato com o solo, começando em *pointe tendu à la seconde* ou *devant*, deslizando-se até a posição com o pé inteiro apoiado no chão na primeira posição até ficar em *derrière* e então voltando *à la seconde* e *devant* ou no sentido anti-horário. Normalmente, são executados oito *ronds de jambe à terre en dedans*.

Enquanto a perna de trabalho se movimenta, a perna de base mantém o *en dehors* e a força de sustentação com o peso centralizado sobre o triângulo do pé. O corpo mantém a perpendicularidade, e o quadril permanece imóvel para permitir que a perna de trabalho faça o movimento de rotação na articulação do quadril.

Port de corps

Definição

Traduzido, o termo significa "transporte do corpo". Como parte da técnica de barra, o termo se refere à flexão do tronco para a frente, para a lateral ou para trás. *Cambré*, um termo similar, refere-se à flexão lateral ou traseira.

Objetivos

- Desenvolver a flexibilidade do tronco.
- Consolidar uma base estável de pernas e quadril como parte da postura.
- Trabalhar a coordenação dos braços e da cabeça enquanto o corpo se movimenta.
- Aplicar os princípios de perpendicularidade, elevação, alinhamento, *en dehors* e equilíbrio sobre os dois pés.

Descrição

O bailarino executa o *port de corps* para a frente, para trás ou para o lado (pode ser feito em qualquer uma das cinco posições de pé). Para começar, coloca-se em uma posição de alinhamento vertical, inspira e alonga o corpo para cima antes de se inclinar. Durante a flexão, deve expirar o ar. Para retornar, deve inspirar novamente enquanto alonga o tronco e descreve um amplo arco de volta à posição de alinhamento vertical. O alongamento deve ser contínuo e fluido durante todo o movimento. O *port de corps* pode ser acompanhado do *port de bras*. As direções do *port de corps* podem ser executadas em conjunto como um exercício individual ou em combinação com outros exercícios de barra, como sequência do *rond de jambe à terre*, por exemplo.

▶ Port de corps devant

Definição

Movimento em que o tronco é levado para a frente.

Descrição

Ao executar o *port de corps devant*, o bailarino pode escolher entre dois caminhos: curvar-se para baixo e subir com as costas arqueadas ou fazer a flexão e voltar ao alinhamento vertical com as costas eretas.

Dançarinos executando *demi-plié* na finalização do exercício de *battement tendu* com *demi-plié*.

- *Caminho 1: descer e subir com as costas arqueadas.* Devidamente alinhado, o bailarino deve se alongar para cima, inclinar a cabeça para a frente e curvar a coluna para baixo, na direção do quadril. À medida que as costas se arqueiam, os músculos abdominais são mobilizados e mantêm a pelve centralizada sobre as pernas. Ao final do rolamento para baixo, o tronco se estica na direção do solo. No movimento de retorno, a coluna se desenrola vértebra por vértebra até chegar à posição de alinhamento vertical; a cabeça é a última a subir. As pernas se alongam em sentido ascendente, simultaneamente.
- *Caminho 2: costas eretas ou dobradiça e dobradiça reversa.* Devidamente alinhado, o bailarino deve se alongar para cima e inclinar o tronco para a frente, na direção do quadril, em um ângulo de 90 graus ou na posição de dobradiça. As costas continuam a se alongar conforme descem em direção ao solo. As pernas permanecem perpendiculares, com o peso do corpo igualmente distribuído sobre o triângulo dos dois pés. O retorno deve ser conduzido pela cabeça, de modo que o pescoço e a coluna se estiquem no movimento ascendente na posição em que as costas ficam eretas até chegarem à posição de alinhamento vertical. Os músculos abdominais são mobilizados à medida que as costas, o pescoço e a cabeça se alongam para cima, descrevendo um arco mais amplo do que o descrito na descida. As pernas se alongam em sentido ascendente, simultaneamente.

O bailarino iniciante deve manter a cabeça no centro, pois essa posição auxilia a manter a perpendicularidade nos ombros e no quadril. Posteriormente, ele pode virar a cabeça em direção ao ombro externo à barra.

Port de corps derrière

Definição
Movimento em que o corpo é levado para trás.

Descrição
Devidamente alinhado, o bailarino deve se alongar para cima e então começar a se esticar para trás, mantendo a cabeça no centro e o pescoço alongado. A flexão deve continuar até que a parte superior das costas se alinhe com a cintura (método Cecchetti). Os músculos abdominais devem ser mobilizados, e a pelve deve permanecer imóvel e centralizada. Alguns estilos de ballet permitem que a flexão continue até a linha do quadril (método russo).

A coluna conduz o movimento de retorno a partir de sua base, articulando-se e alongando-se para cima, envolvendo toda a extensão das costas, o pescoço e a cabeça até chegar à posição de alinhamento vertical. A cabeça permanece no centro. À medida que fica mais experiente, o bailarino pode virar a cabeça em direção ao ombro externo à barra.

Port de corps à la seconde

Definição
Movimento em que o corpo é levado para a lateral.

Descrição

O bailarino começa o movimento com o corpo alinhado verticalmente, então alonga o tronco para cima e vira a cabeça, o pescoço e o tronco para a lateral como se fossem uma unidade. Ao retomar o alinhamento inicial, o corpo deve continuar alongado, descrevendo um amplo arco. As pernas dividem o peso do corpo durante o *port de corps*. Ombros e quadril mantêm a perpendicularidade do começo ao fim do exercício.

▶ Battement frappé

Definição

Batimentos em que o pé golpeia o chão.

Objetivos

- Trabalhar movimentos isolados da parte inferior da perna e do pé.
- Desenvolver a flexibilidade da articulação do tornozelo e trabalhar a articulação do pé.
- Aplicar os princípios de equilíbrio, força de sustentação, perpendicularidade, *en dehors* e alinhamento.

Descrição

O pé de trabalho deve ser posicionado no tornozelo, na versão do *sur le cou-de-pied* do método Cecchetti ou do método russo. No método Cecchetti, os dedos e os metatarsais se mantêm sobre o chão e são arrastados rapidamente na extensão da parte inferior da perna e do pé esticado, que fica ligeiramente fora do chão. No método russo, o calcanhar do pé de trabalho se mantém sobre o tornozelo da perna de base. O bailarino deixa o pé de trabalho em *flex* no tornozelo, flexionando também os dedos e os metatarsais. A partir dessa posição, estende o tornozelo, de modo que os dedos e os metatarsais golpeiem o chão, perto do tornozelo, e então se arrastem rapidamente, esticando a parte inferior da perna e deixando o pé esticado, ligeiramente fora do chão.

O bailarino deve manter a perna esticada e a posição do pé por um momento antes de voltar à posição *sur le cou-de-pied*. Durante a extensão e o movimento de retorno, a parte superior da perna deve permanecer imóvel e *en dehors*. O *battement frappé* deve ser executado em todas as direções. Em *à la seconde*, o pé de trabalho pode manter-se à frente ou atrás do tornozelo de base. Na execução do *frappé derrière*, a parte interior do tornozelo de trabalho se mantém atrás do tornozelo de base.

▶ Petit battement sur le cou-de-pied

Definição

Pequenos batimentos com o dorso do pé.

Objetivos

- Desenvolver a agilidade do pé e os movimentos de perna como base para passos em *allegro* no centro.

- Trabalhar movimentos isolados da parte inferior da perna de trabalho enquanto a parte superior da perna de trabalho permanece estável e *en dehors*.
- Aplicar os princípios de *en dehors*, equilíbrio sobre uma perna, força de sustentação e perpendicularidade.

Descrição

O *petit battement* é uma série de movimentos rápidos da parte inferior da perna e do pé que descrevem um movimento em V com o vértice *à la seconde* e começando à frente ou atrás em *sur le cou-de-pied*. A parte superior da perna de trabalho deve permanecer imóvel e com bastante *en dehors*. O peso do corpo deve ficar centralizado sobre a perna de base esticada.

No método russo, o pé de trabalho em ponta pode ser posicionado no tornozelo na posição *sur le cou-de-pied*, e o movimento em V é descrito no ar. No método Cecchetti, os dedos e os metatarsais do pé de trabalho se mantêm no solo na posição *sur le cou-de-pied* e realizam o movimento em V deslizando pelo chão. Conforme o aluno se torna mais experiente, o pé fica esticado no tornozelo com o movimento em V sendo descrito no ar.

Battement développé

Definição

Movimento que a perna executa ao se desdobrar.

Objetivos

- Desenvolver a força das costas e da perna de base enquanto a perna de trabalho faz extensões em direções variadas.
- Aumentar o controle da perna de trabalho à medida que ela é estendida em posições acima de 45 graus.
- Começar a trabalhar um componente importante do adágio na barra e especialmente para o centro.
- Aplicar os princípios de equilíbrio sobre uma perna, força de sustentação, contrapeso, perpendicularidade, *en dehors*, alinhamento e distribuição de peso.

Descrição

O bailarino deve se colocar na quinta posição e retirar a perna de trabalho do solo descrevendo um *sur le cou-de-pied devant* ou *derrière* sobre a perna de base rumo a uma posição baixa (*coupé*) ou a uma posição em *retiré* (Figs. 6.11 e 6.12). Dessa posição, a perna de trabalho deve ser estendida *devant*, *à la seconde* ou *derrière*. Em *devant* ou *à la seconde*, o calcanhar da perna de trabalho conduz o movimento contínuo que a perna executa ao se desdobrar até ficar completamente estendida à altura da coxa por meio do *coupé* ou *retiré*. Em *derrière*, os dedos direcionam a extensão da parte inferior da perna à altura do *coupé* ou *retiré*. Então, a perna de trabalho deve ser estendida e sustentada no limite máximo da extensão antes de descer em ponta e ser arrastada de volta para a quinta posição. Durante o *battement développé*, a coluna deve ser alongada para manter o corpo alinhado sobre a perna de base. No *battement développé derrière*, quando o bailarino desdobra a perna de trabalho do *retiré*, pode mudar a posição alinhada da coluna para uma posição de contrapeso. À medida que a perna de trabalho desce e finaliza o movimento na quinta posição, a coluna retorna à posição de alinhamento vertical.

▶ Grand battement

Definição
Batimento amplo ou ação aérea de elevação da perna.

Objetivos
- Desenvolver a flexibilidade e a força dos músculos da perna de trabalho.
- Promover a flexibilidade da articulação do quadril.
- Aplicar os princípios de alinhamento, *en dehors*, distribuição e transferência de peso.

Descrição
Começando na primeira e, depois, na quinta posição, o bailarino arrasta a perna de trabalho executando um *battement tendu, dégagé* ou *jeté* e continua a extensão da perna até uma posição aérea de aproximadamente 45 e, posteriormente, 90 graus. Na ação de arrastar a perna e lançá-la ao ar, o bailarino faz uma pausa momentânea à altura da extensão antes de descer a perna lentamente em *battement tendu* e finalizar o movimento na posição inicial. Na execução do *grand battement devant* ou *à la seconde*, o corpo permanece verticalmente alinhado e equilibrado sobre a perna de base. Já na execução do *grand battement derrière*, quando a perna é arrastada para fora do solo, o tronco é alongado e projetado para a frente em uma posição de contrapeso e retorna à posição de alinhamento vertical conforme o pé de trabalho é arrastado de volta para a posição inicial. Se o exercício inclui a repetição de determinado número de *grand battements derrière*, o retorno à posição de alinhamento ocorre no último *battement*.

Durante o semestre, os exercícios iniciais de barra geralmente são combinados com outros tipos similares de exercícios para acrescentar complexidade e aumentar a duração. Mais adiante, essa progressão desafia o aluno a desenvolver uma técnica mais sólida e transições mais fluentes na passagem de um movimento para outro.

Resumo
A barra para iniciantes no ballet é composta de exercícios que sustentarão o trabalho no centro bem como de estudos futuros de técnica. Ao compreender claramente os componentes, as exigências técnicas, o ritmo e a qualidade do movimento de cada exercício, o aluno fundamenta uma sólida base sobre a qual construirá os passos e as sequências do centro.

7

No centro

Uma vez terminado o trabalho na barra, a aula de ballet continua no meio da sala. Na parte central da aula, os dançarinos praticam exercícios de barra e aprendem passos e sequências que são executados lenta ou rapidamente. O centro é o local onde se aprende a dançar. Essa parte da aula tem uma estrutura e segue uma ordem que pode variar de acordo com o professor ou com o método utilizado.

Inúmeras categorias de passos compõem a parte central da aula, mas é provável que na aula para iniciantes essas categorias não sejam ensinadas na sequência-padrão de uma típica aula de ballet até que a turma possua um vocabulário de movimentos suficiente para permitir que tais categorias sejam trabalhadas. A estrutura central básica vai começar a se desenvolver antes do fim do semestre. Este capítulo apresenta os exercícios e os passos por categoria. A prática de exercícios de barra no centro trabalha um ou mais exercícios da barra. As sequências em adágio treinam exercícios, posições e passos com mudanças de direção. Os passos e as sequências em *petit allegro* se valem de toda a gama de trabalho para o pé aprendida na barra para trabalhar partes de passos que exigem agilidade e pensamento rápido. Passos, poses e sequências em *grand allegro* incluem passos que dão impulso para o bailarino sair do chão e executar um movimento aéreo, antes de aterrissar suavemente a fim de executar outro movimento de elevação.

Regras e protocolos

Para começar a parte central da aula, a turma deve se encaminhar rápida e silenciosamente para o meio da sala e preencher o espaço. Cada aluno deve se posicionar de modo que tenha espaço pessoal suficiente, e todos devem ficar virados para a frente da sala. Existem regras e protocolos específicos para essa parte da aula, entre os quais:

- *Conhecer as direções do palco.* Compreender e aplicar as direções do palco permite que o aluno tenha uma consciência espacial da sala como área de performance ou como local de preparação para uma apresentação no palco propriamente dito. As direções do palco são definidas a partir da perspectiva do dançarino (ver Fig. 4.2).
- *Manter o espaço pessoal.* Uma vez que todos os alunos da classe estão se movimentando em conjunto pela sala ou estão divididos em pequenos grupos, é preciso que cada um fique atento a seu espaço pessoal em relação ao dos demais colegas. Ter consciência do espaço pessoal é uma medida de segurança importante.
- *Começar do lado direito.* O aluno deve se posicionar com o pé direito na frente para executar as sequências. Quando for executá-las pela segunda vez, deve estar pronto para começar com o pé esquerdo.
- *Trocar as filas e os grupos com eficiência.* Para as sequências no centro, trocar as filas eficientemente poupa tempo durante a aula. O Capítulo 3 tem mais informações.
- *Posicionar-se e sair do meio da sala de aula durante as sequências em grupo.* O aluno pode vir de uma das laterais ou do fundo da sala e posicionar-se no centro para executar as sequências em grupo. Após a execução, deve deixar o espaço central por uma das laterais. O professor também pode definir as direções de entrada e de saída. Estar ciente dos pontos de entrada e de saída otimiza as transições entre os grupos nas sequências do centro, deixando-as mais eficientes. O professor ou o pianista da aula providenciarão uma música para acompanhar a transição dos grupos no espaço de dança.
- *Mover-se pelo espaço.* Ao movimentar-se pela sala, sozinho, em fila ou em grupo, o aluno deve prezar pela segurança e pela gentileza. Ao executar um exercício individual, o objetivo é mover-se pelo espaço durante uma ou duas repetições da sequência. Ao executar um exercício em fila ou em grupo, o objetivo é dançar junto com os outros alunos se movimentando pelo espaço; se o grupo seguinte começar sua sequência e o aluno não saiu do lugar, os bailarinos vão trombar. Cada participante de uma sequência tem a responsabilidade de se movimentar eficientemente pelo espaço, permitindo que o grupo seguinte tenha tempo e espaço para também completar a sequência. O Capítulo 2 ensina as regras e os protocolos da aula de ballet.

Exercícios de barra no centro

Os **exercícios de barra no centro**, às vezes chamados de prática no centro, consistem em um ou mais exercícios aprendidos na barra que são praticados no centro. A prática de exercícios de barra no centro é um desafio, pois, além de executar o exercício propriamente dito, o aluno tem de trabalhar a sustentação, o alinhamento, bem como o *en dehors*, a transferência de peso e a manutenção do equilíbrio. A prática no centro testa quão bem o aluno consegue executar os exercícios sem usar a barra como apoio. O objetivo é diminuir a dependência da barra, de forma que o bailarino se torne cada vez mais bem-sucedido ao dançar no centro.

Geralmente, os exercícios de barra no centro são executados em série de oito repetições para um lado, seguida de uma série de mais oito repetições do outro lado. Depois, as séries podem diminuir para quatro repetições, então para duas ou até mesmo para uma repetição de cada lado, executada várias vezes. O *battement tendu* e o *passé* são dois exemplos de exercícios de barra que são praticados no centro.

Battement tendu en promenade

O aluno deve começar na primeira posição e depois na terceira ou na quinta posição. Trata-se de uma série de *battements tendus à la seconde* executados com alternância de pés e encerrados na posição inicial. No ballet, *en promenade* significa "caminhar", tanto **en arrière** (para trás) como **en avant** (para a frente).

Battement tendu en croix

O *battement tendu en croix* é executado na barra (ver Cap. 6) e frequentemente faz parte da prática no centro. O aluno pode fazer esse exercício na primeira, na terceira ou na quinta posição, executando-o de um lado e depois do outro. Para transferir o lado do movimento, na terceira ou na quinta posição, o primeiro *en croix* deve ser finalizado com o pé de trabalho fechando atrás na quinta posição, de modo que o aluno possa começar a executar o *en croix* com o outro pé.

Passé en promenade en arrière ou en avant

O *passé* aprendido na barra geralmente é executado em séries de movimentos *en arrière* (para trás) e então *en avant* (para a frente). Similar ao *battement tendu en promenade*, o *passé* ajuda a aprimorar a transferência de peso e o equilíbrio ao se movimentar nessas direções.

Esses exercícios de barra praticados no centro ajudam o aluno a adquirir o equilíbrio necessário, bem como o controle do corpo e o comando desses passos e dos princípios de movimentos que contribuem para o aprendizado de mais passos e também para o desenvolvimento cada vez maior da competência do trabalho no centro. À medida que o curso avança, o aluno passa a executar no centro os exercícios de barra mais longos e mais difíceis.

Port de bras

O *port de bras* pode ser traduzido como movimentação dos braços. No centro, o *port de bras* concentra-se no aprendizado dos movimentos de braço em várias posições, sequências e direções. Como exercício individual no centro, a prática do *port de bras* melhora a coordenação dos braços em conjunto com movimentos pequenos do tronco e com a respiração, desenvolvendo a fluência dos movimentos de braço que posteriormente serão incorporados às sequências.

Para executar as posições de braços do ballet clássico, eles devem ser esticados, e os cotovelos e os punhos devem ser ligeiramente flexionados para criar uma linha alongada e curva em toda a extensão dos braços e das mãos. O bailarino deve manter os braços na frente do corpo com os cotovelos virados para as laterais. As mãos devem ser curvadas de forma que as palmas fiquem viradas para o corpo, levemente anguladas, como na maioria das posições clássicas de braços. Para refrescar a memória sobre as posições clássicas de braços, basta conferir o Capítulo 5.

Port de bras clássicos

O *port de bras* pode ser praticado tanto como um exercício individual quanto como parte da introdução de exercícios na barra ou de sequências no centro.

▶ Primeiro *port de bras*

O aluno deve começar com os braços na posição preparatória ou na quinta posição *en bas*. Em seguida deve elevá-los à primeira posição e então abri-los na segunda. Os braços devem ser girados conforme os cotovelos são ligeiramente elevados antes de descerem em um movimento fluido de volta à posição preparatória.

▶ Segundo *port de bras*

O aluno deve começar com os braços na posição preparatória ou na quinta posição *en bas*. Deve então elevar os braços para a quinta posição *en haut* e em seguida abri-los girando-os conforme se aproxima da segunda posição. Por fim, os cotovelos devem ser ligeiramente elevados antes de os braços descerem em um movimento fluido de volta à posição preparatória.

Adágio

As sequências em adágio englobam a execução e a sustentação de posições e movimentos lentos. Nessas sequências, o dançarino se empenha para executar posições, poses e passos com uma qualidade fluida, dando a impressão de que não faz o menor esforço para executar o movimento. Alguns passos em adágio são executados *à terre* (com o pé de trabalho no solo); outros passos são executados *en l'air* (com a perna de trabalho em posição aérea). O grande desafio das sequências em adágio é alongar a linha corporal, inclusive os membros superiores e os inferiores, ou sustentar uma perna em posição aérea para criar belas imagens, o que requer força e equilíbrio.

O adágio inclui a prática de poses e de posições clássicas, trabalhando na direção frontal, cruzada ou aberta. O aprendizado dessas posições clássicas permite que o dançarino iniciante consiga integrar as posições e as direções em sequências.

▶ Posições clássicas do corpo

As **posições clássicas do corpo** são oito, e o aluno pode executá-las como uma sequência ou incorporá-las a outros passos dentro de uma sequência. Ao estudar tais posições, o bailarino aprende mais sobre linha do corpo, variação e contraste. Em uma sequência, a movimentação de uma posição para a próxima requer o cumprimento de uma série de protocolos.

- Abrir o pé de trabalho junto com os braços para executar a posição.
- Executar as mudanças de direção para a posição seguinte durante o fechamento da perna de trabalho na quinta posição.
- Mover os braços para fora e finalizar na posição preparatória, ou na quinta posição *en bas*, após a execução de cada posição do corpo.

Quando executadas em sequência, as posições clássicas do corpo tornam-se uma combinação na qual o bailarino se move suavemente de uma posição para a seguinte. A prática da sequência do *battement tendu en croix* consolida a percepção do bailarino sobre as direções básicas – frente, lado e trás – antes de integrar à combinação das posições corporais e direções mais complexas. O corpo em conjunto com braços e cabeça são os elementos para criar cada posição do corpo. O bailarino deve ter em mente suas próprias direções do palco em relação à execução de cada posição clássica.

As posições clássicas na próxima seção usam a sequência do método Cecchetti. O método russo utiliza uma sequência de posições diferente, e o posicionamento dos braços também é distinto em algumas delas. As descrições a seguir listam as direções do palco tanto para o método russo como para o método Cecchetti. Todas as posições são apresentadas começando na quinta posição, pé direito na frente, de frente para o canto nº 2 do proscênio (Cecchetti) ou para o canto nº 8 (russo). Os princípios de movimento aplicados incluem perpendicularidade, força de sustentação, *en dehors*, distribuição e transferência de peso e alinhamento.

> ## Atividade
>
> **Praticando as posições clássicas do corpo**
>
> Imagine que há um ponto em cada ombro e em cada lado do quadril. A ligação desses quatro pontos no mesmo plano é o que define a perpendicularidade do corpo (ver a atividade sobre perpendicularidade e a Fig. 5.16). Use essa imagem para ajudar a manter o tronco devidamente alinhado à medida que você se posiciona totalmente voltado para a frente (**en face**; de frente para a sala de aula, a plateia) na primeira posição. Então, vire-se para cada um dos cantos do proscênio, com os pés em *croisé* (cruzados na terceira ou na quinta posição) ou em *effacé* (abertos na terceira ou na quinta posição).

Croisé devant (cruzado na frente)

O bailarino deve ficar com o corpo voltado para um dos cantos do proscênio e deve então executar um *battement tendu devant* estendendo a perna e o pé de trabalho na direção do canto do proscênio. O braço que está do lado do fundo do palco deve ser estendido acima da cabeça, e o outro deve ser colocado na segunda posição. A cabeça fica virada para a frente com os olhos fixos na plateia (Fig. 7.1)

À la quatrième devant (perna esticada na frente)

Com o corpo voltado para o centro do proscênio ou para a plateia, o aluno deve estender a perna de trabalho com o pé esticado na direção da plateia (direção 5 ou 1). Os braços devem ser estendidos na segunda posição; a cabeça deve ficar de frente para a plateia (Fig. 7.2)

Figura 7.1 *Croisé devant.*

Écarté devant (separado, bem afastado na frente)

Com o corpo virado para um dos cantos do proscênio, o aluno estende a perna de trabalho com o pé esticado para o outro canto do proscênio. O braço que está mais próximo do proscênio deve ficar na quinta posição *en haut*; o outro braço fica na segunda posição. A cabeça deve ser bem erguida, de modo que os olhos se voltem para a palma da mão do braço que está *en haut*. Essa é a versão *devant* do *écarté* (Fig. 7.3).

Effacé devant (aberto)

Com o corpo virado para um dos cantos do proscênio, o aluno estende à frente do corpo a perna de trabalho com o pé esticado. O braço que está mais próximo do proscênio deve ficar na quinta posição *en haut*; o braço que está do lado do fundo do palco fica na segunda posição. O aluno deve então virar e erguer a cabeça, olhando na direção da plateia. Além disso, deve virar e inclinar os ombros e a porção superior do tronco para

Figura 7.2   *À la quatrième devant.*

Figura 7.3   *Écarté devant.*

Figura 7.4   *Effacé*: (*a*) método Cecchetti; (*b*) método russo.

trás, abrindo o corpo na direção da plateia. É a versão *devant* dessa posição do corpo (Fig. 7.4).

À la seconde (para o lado)

Com o corpo virado para a plateia, ou para o centro do proscênio, o aluno estende a perna de trabalho *à la seconde* com o pé esticado. Os braços devem ser estendidos na segunda posição, e a cabeça fica de frente para a plateia (Fig. 7.5).

Épaulé (jogo de ombros)

Com o corpo virado para um dos cantos do proscênio, o aluno estende atrás de si a perna de trabalho, com o pé esticado, na direção oposta ao canto do proscênio. O braço que está mais próximo do proscênio deve ser elevado para a frente até a altura dos olhos; o braço que está do lado do fundo do palco deve ser estendido para trás. O aluno deve então torcer a porção superior do tronco, permitindo que os braços criem uma linha diagonal completa, e erguer a cabeça, inclinando-a levemente para fora. Os olhos devem se voltar para a ponta dos dedos da mão que está adiante (Fig. 7.6).

Figura 7.5 *À la seconde.*

À la quatrième derrière (perna esticada atrás)

Com o corpo virado para a plateia, o aluno estende a perna de trabalho *à la quatrième derrière* com o pé esticado. Os braços devem ser estendidos na segunda posição, e a cabeça fica de frente para a plateia (Fig. 7.7).

Croisé derrière (cruzado atrás)

Com o corpo virado para um dos cantos do proscênio, o aluno estende a perna de trabalho, com o pé esticado, na direção oposta ao canto do proscênio. Um braço deve ficar na quinta posição *en haut*, e o outro, na segunda.

Figura 7.6 *Épaulé:* (*a*) método Cecchetti; (*b*) método russo.

Figura 7.7 *À la quatrième derrière.*

Em seguida, o bailarino deve virar a cabeça e olhar para a plateia por baixo do braço direito e, então, virar-se suavemente e inclinar o corpo em uma diagonal que se estende dos ombros até a perna e o pé de trabalho (método Cecchetti; Fig. 7.8*a*). Na versão russa, os braços são posicionados de maneira oposta, a cabeça é virada para olhar a plateia por cima do braço que está na segunda posição (Fig. 7.8*b*).

O aluno deve praticar essas posições em uma sequência, realizando o *battement tendu* primeiro de um lado e então transferindo as posições para o outro lado. A execução dessa sequência de posições clássicas do corpo é um feito significativo para o aluno iniciante de ballet.

Poses e passos clássicos

O ballet tem duas poses clássicas básicas: o *arabesque* e o *attitude*. O aluno iniciante já consegue aprender o *arabesque* e talvez consiga estudar o *attitude* também.

Arabesque

O **arabesque** é uma pose versátil que tem inúmeras variações no ballet clássico. O termo *arabesque* deriva do nome de um ornamento mourisco. Ao executar o *arabesque*, o bailarino se equilibra sobre uma perna e estende a outra perna para trás, a aproximadamente 45 graus; conforme o bailarino vai ficando mais experiente, consegue elevar mais a perna. O tronco alongado faz o contrapeso. Os braços são estendidos em posições variadas. No *arabesque*, a palma das mãos fica virada para baixo. Os *arabesques* são numerados e variam ligeiramente dependendo do método adotado.

Figura 7.8 *Croisé derrière:* (*a*) método Cecchetti; (*b*) método russo.

Dica técnica

Abra este livro e apoie-o sobre alguma superfície, posicione-se diante dele e então tente espelhar cada uma das posições corporais, seguindo a sequência de movimento das pernas, dos braços e da cabeça. Você pode começar fazendo as posições de 1 a 4 de um lado do corpo e depois acrescentar as posições de 5 a 8. Assim que você conseguir completar a sequência de posições mentalmente, teste sua memória trocando o lado do corpo.

Se tiver um lapso de memória, pare e repita a posição com o lado do corpo com o qual você já praticou e preste atenção ao posicionamento exato das pernas, dos braços e da cabeça. Dê, então, continuidade à sequência com o outro lado do corpo.

O método Cecchetti tem cinco *arabesques*. O primeiro, o segundo e o terceiro são descritos como os mais utilizados na técnica de ballet para iniciantes. O quarto e o quinto são variações que podem ser incluídas no vocabulário iniciante de ballet. A escola russa usa quatro *arabesques*. Ambos os estilos são apresentados neste livro.

Método Cecchetti

- **Primeiro *arabesque*:** o corpo fica de perfil para a plateia. A perna de base deve ser a que está do lado do fundo do palco, e ela deve estar esticada e *en dehors*. O bailarino iniciante, normalmente não ultrapassa os 45 graus. O aluno posiciona na frente o braço que está do mesmo lado do corpo que a perna de base e abre o outro braço na lateral. No método Cecchetti, o bailarino se empenha para manter a perpendicularidade dos ombros e do quadril e estende para a frente o braço que está do lado do fundo do palco, elevando-o à altura dos olhos, que devem se concentrar para além da ponta dos dedos. O braço que está mais próximo do proscênio é aberto na segunda posição, mas se projeta um pouco mais para trás, de modo que os dois braços juntos criem uma linha diagonal. Os olhos devem se voltar fixamente para a frente (Fig. 7.9).

- **Segundo *arabesque*:** o corpo fica de perfil para a plateia. A perna de base, que é a que está do lado do fundo do palco, deve estar esticada e *en dehors*. A linha corporal deve preservar a perpendicularidade, ainda que esteja voltada para a plateia. O braço dianteiro fica do mesmo lado do corpo que a perna que é estendida para trás; o outro braço deve ser aberto e se estender um pouco para trás da segunda posição. Os dois braços criam uma linha diagonal completa. Os olhos devem mirar para além da ponta dos dedos da mão que está à frente. A cabeça pende em direção à plateia (Fig. 7.10).

- **Terceiro *arabesque*:** o corpo fica de perfil para a plateia. A perna de base deve ser esticada e permanecer *en dehors*. É preciso se

Figura 7.9 Primeiro *arabesque*, método Cecchetti.

empenhar para que a linha corporal mantenha a perpendicularidade dos ombros e quadris. Ambos os braços ficam posicionados à frente do corpo; o braço inferior é o que está mais próximo da plateia e deve ser alinhado à altura do ombro, ao passo que o outro braço deve ser estendido e elevado à altura da testa. Os olhos devem ser focados adiante, como se o bailarino olhasse através de uma janela criada por seus braços (Fig. 7.11).

O bailarino pode praticar esses três *arabesques* em grupo ou individualmente na forma de uma sequência em adágio, que desenvolve força e trabalha o equilíbrio da perna de base enquanto os braços mudam de pose na passagem de um *arabesque* para o seguinte.

No método Cecchetti, o quarto e o quinto *arabesques* são variações dos três primeiros. No **quarto *arabesque***, o corpo geralmente fica voltado para um dos cantos do proscênio (Fig. 7.12). A perna que está mais próxima do proscênio é a perna de base, semelhante ao segundo *arabesque*, mas fica em *demi-plié*. A posição dos braços é igual à do primeiro *arabesque*. A cabeça fica ligeiramente inclinada em direção ao braço que está na frente, e o foco dos olhos é o canto do proscênio. No **quinto *arabesque***, o corpo fica voltado para um dos cantos do proscênio; a perna de base é a que está mais próxima do proscênio e fica em *demi-plié* (Fig. 7.13). A posição dos braços é igual à do terceiro *arabesque*. Os olhos se concentram na direção do canto do proscênio.

▶ Método russo

- **Primeiro *arabesque*:** no primeiro *arabesque*, o tronco e o ombro que está mais próximo do proscênio voltam-se para a plateia em um movimento que começa na parte inferior do esterno. O braço posicionado na frente do corpo é alinhado à altura do ombro, enquanto o braço que está voltado para o proscênio é aberto na segunda posição, podendo ser ligeiramente projetado para trás (Fig. 7.14).

Figura 7.10 Segundo *arabesque*, método Cecchetti.

Figura 7.11 Terceiro *arabesque*, método Cecchetti.

Figura 7.12 Quarto *arabesque*, método Cecchetti.

Figura 7.13 Quinto *arabesque*, método Cecchetti.

Figura 7.14 Primeiro *arabesque*, método russo.

Figura 7.15 Segundo *arabesque*, método russo.

- **Segundo *arabesque*:** assim como no primeiro *arabesque* russo, o corpo fica de perfil e a perna de base é a que está voltada para o fundo do palco. O braço que está mais próximo da plateia deve ser estendido para a frente, enquanto o outro braço deve se estender para trás do corpo. A cabeça se volta na direção da plateia (Fig. 7.15).

Figura 7.16   Terceiro *arabesque*, método russo.

Figura 7.17   Quarto *arabesque*, método russo.

- **Terceiro *arabesque*:** o corpo é voltado para um dos cantos do proscênio. A perna que está mais próxima do proscênio deve permanecer esticada e *en dehors*, ao passo que a perna voltada para o fundo do palco deve ser estendida para trás em *croisé derrière*. O braço que está do lado do fundo do palco deve ser posicionado à frente do corpo, enquanto o outro é aberto na segunda posição. O rosto deve voltar-se para a mão que está à frente (Fig. 7.16).

- **Quarto *arabesque*:** a posição das pernas é igual à do terceiro *arabesque*. O tronco se volta para o fundo do palco; o braço que está mais próximo do proscênio é estendido para a frente, ao passo que o braço que está do lado do fundo do palco se estende para trás, de modo que, juntos, criam uma linha contínua ao longo do corpo. A cabeça se volta para a plateia, mas se inclina ligeiramente na direção do ombro que está do lado do fundo do palco (Fig. 7.17).

Normalmente, primeiro o aluno aprende o *arabesque* na barra para que possa compreender as relações corporais estabelecidas entre tronco, braços, pernas e cabeça antes de praticá-lo no centro.

Variações do *arabesque*

As variações do *arabesque* para iniciantes incluem o *arabesque à terre* e o *arabesque* em *fondu*. O ***arabesque à terre*** é, literalmente, o arabesque com o pé de trabalho apoiado no chão (Fig. 7.18). O ***arabesque* em *fondu*** significa *arabesque* mesclado. Nessa variação da pose, a perna de base fica em *fondu, ou seja,* em *demi-plié* sobre uma perna (Fig. 7.19).

Figura 7.18 *Arabesque à terre.*

Figura 7.19 *Arabesque* em *fondu.*

Battement développé

Antes de tentar praticar o passo em adágio no centro, o aluno aprende o *battement développé* como um exercício de barra. Ele pode ser executado em adágio ou em uma série *en croix* como parte de um adágio. Geralmente, o *battement développé* é realizado em um ângulo de 45 graus ou menos, até que o aluno ganhe força e flexibilidade. Antes de tentar elevar mais a perna, o bailarino deve certificar-se de que tem controle do alinhamento, do *en dehors* e da força de sustentação e de que é capaz de se equilibrar sobre um pé enquanto estende a perna a cerca de 45 graus em várias direções.

Passos introdutórios e passos de ligação

As sequências aliam passos introdutórios e passos de ligação, os quais proporcionam uma introdução ou uma conexão ou preparação para o próximo passo da sequência. Alguns desses passos ajudam o bailarino a mudar a direção ou a transferir o peso para o outro pé.

Caminhadas

No ballet, o bailarino caminha com o pé *en dehors*. Começando em *pointe tendu*, a caminhada se inicia pelos dedos, e o aluno deve transferir seu peso dos dedos, passando pelo antepé até distribuí-lo por toda a planta. Ao caminhar, o bailarino deve manter o porte e se mover com graça e suavidade.

▶ *Pas de bourrée*

O *pas de bourrée* tem o mesmo nome de uma dança histórica do período barroco. Trata-se de três passos rápidos, às vezes, com alternação dos pés executados em meia-ponta. O passo básico tem variações na direção, como *dessous* ou *dessus*.

Começando na terceira ou na quinta posição, a perna de trás (esquerda) faz um *coupé derrière*, enquanto a perna da frente (direita) faz um *demi-plié*. O bailarino faz uma meia-ponta com a perna de trás e abre a perna direita ao lado, em meia-ponta, e fecha o movimento com a perna esquerda na frente na quinta posição, em *demi-plié*. Assim, o aluno já está na posição para repetir o passo começando com a perna direita.

▶ *Chassé à la seconde* (passo de fuga para a segunda)

Começando na quinta posição, o bailarino faz *demi-plié* e transfere o peso para a perna de trás. Em seguida, desliza a perna da frente para fora, na segunda posição em *demi-plié*; a perna de trás dá um impulso e eleva o corpo no ar. As duas pernas devem então ser esticadas com os dois pés esticados se unindo na quinta posição, ainda no ar. A parte "fugitiva" do passo vem do rápido empurrão que a perna de trás dá para impulsionar o movimento aéreo.

▶ *Chassé en avant* (passo de fuga para a frente)

O passo começa na terceira ou na quinta posição em *demi-plié*. O aluno desliza o pé da frente, formando uma pequena quarta posição *devant*; a perna de trás impulsiona o corpo para o ar. As pernas se encontram no ar na terceira ou na quinta posição antes de aterrissarem em *demi-plié*, também na terceira ou na quinta posição. A parte "fugitiva" do passo vem do rápido empurrão que a perna de trás dá para impulsionar o movimento aéreo.

▶ *Glissade* (passo deslizante)

O passo começa em *demi-plié* na terceira ou na quinta posição. Com a perna de trabalho, o aluno faz *dégagé à la seconde*, e, conforme dá o impulso com a perna de base, o corpo se move para a lateral. Na fase aérea, ambas as pernas e ambos os pés se estendem ligeiramente fora do solo. O primeiro pé crava a aterrissagem, e o segundo pé rapidamente desliza para fazer um *demi-plié* na terceira ou na quinta posição. O bailarino pode executar o *glissade* com ou sem mudança de pés. Durante o *glissade*, o corpo exerce força de sustentação para cima a fim de permitir que as pernas e os pés executem os movimentos de deslizamento.

▶ *Balancé* (balanço)

O *balancé* pode começar tanto na terceira como na quinta posição. O aluno faz *demi-plié* com a perna de trás, enquanto arrasta a perna da frente e faz *dégagé à la seconde* e, em seguida, transfere o peso para ela. Então o pé de trás assume o papel de pé de base e pisa em meia-ponta alta por trás do pé da frente, que se estica em ponta quase sem tocar o chão antes de receber a transferência de peso do corpo. O *balancé* pode ser executado de ambos os lados, para a frente e também para trás, lentamente, como parte de um adágio, ou em ritmo acelerado, como parte de um *allegro*.

Pas de basque (passo basco)

Na versão russa desse passo, o bailarino começa de frente para um canto do proscênio e termina virado para o outro canto. Começando em *demi-plié* na quinta posição, o aluno transfere o peso para a perna de trás, arrasta o pé da frente *à la seconde* e passa o peso para ele, fazendo ponta *à terre* com o outro pé. Então desliza o pé que está esticado até um *demi-plié* na primeira posição até chegar à quarta posição *devant*. A perna da frente é esticada, e o pé de trás é estendido em *pointe tendu derrière* e em seguida finaliza o movimento na quinta posição.

Ao aprender o *pas de basque*, o aluno o executa em adágio, com um estilo suave e deslizante. Posteriormente, pode executá-lo com saltos pequeninos ao estilo do *petit allegro*.

Three-step turn (giro em três etapas)

Esse passo de ligação começa com o pé de trabalho esticado *devant*, e a perna de base em *demi-plié*. O bailarino executa um *piqué à la seconde* e dá um meio giro para o fundo do palco, terminando com os dois pés em meia-ponta alta; em seguida, transfere o peso de um pé para o outro e dá outro meio giro para a frente. É dado então um passo *à la seconde* para um *demi-plié* com um pé completamente apoiado no chão e o outro em ponta em *devant*. O aluno já pode executar imediatamente o giro em três etapas para o outro lado. Aprender o giro em três etapas é uma preparação para outros passos de virada como os *chaînés*.

Chaînés (viradas encadeadas como em uma corrente)

O aluno deve começar essa série de viradas para a direita fazendo *piqué à la seconde* com o pé direito ou fazendo um passo em *relevé* seguido de meio giro para o fundo do

No *petit allegro*, os dançarinos saltam no ar.

palco, e finalizar com os dois pés em meia-ponta alta. Então, o aluno deve transferir o peso para o pé esquerdo para dar meio giro para a frente em meia-ponta e, assim, completar uma virada. Depois, já deve sair com o pé direito em meia-ponta seguindo na direção na qual está girando e continuar executando esse movimento pelo espaço. O bailarino deve transpor os *chaînés* para começar com o pé esquerdo e virar para a esquerda. Os *chaînés* devem ser praticados através da sala de um lado para o outro a fim de se apurar o senso de direção de cada meio giro. Antes de acrescentar e coordenar movimentos de braços aos *chaînés*, o ideal é praticar com as pontas dos dedos apoiadas sobre os ombros.

Allegro

Nas sequências do centro, os passos em *allegro* são rápidos e se caracterizam por sua qualidade enérgica e vigorosa. A maior parte dos passos em *allegro* inclui saltos que dão impulso com um ou com os dois pés. No conjunto, esses passos são chamados de *sautés*, ou simplesmente saltos, e são executados individualmente ou como parte de sequências em *allegro*.

Alguns passos em *allegro* priorizam a execução de exercícios para os pés próximos ao solo. Esse tipo de trabalho de pé é conhecido como **petit allegro**. Outros passos em *allegro*, ou **grand allegro**, concentram-se na execução de saltos amplos, que variam e podem tomar impulso com um pé ou com os dois e cuja aterrissagem pode ser feita com os dois pés ou com apenas um. Em geral, os passos em *grand allegro* são executados durante movimentações mais amplas pelo espaço.

Praticar sequências em *allegro* é desafiador e ao mesmo tempo estimulante, por causa da energia, do vigor e até mesmo da altitude dos movimentos. O *allegro* exige que o bailarino se lembre de todos os movimentos e de sua sequência, bem como do tempo de um passo ou de uma série de passos ao mesmo tempo que aplica os princípios de movimento durante uma rápida execução. Alguns eruditos consideram o *allegro* o coração do ballet. Para aprender um passo em *allegro* para iniciantes, o aluno deve praticar cada passo separadamente e repeti-lo inúmeras vezes, seja na barra ou fora dela, antes de combiná-lo com outros passos.

Sautés (saltos)

Sautés, ou saltos, são passos em *allegro* que constituem a base de muitos outros passos em *petit* e *grand allegro*. Os *sautés* incluem saltos que dão impulso com os dois pés e aterrissam com um ou com os dois pés, saltos que dão impulso com um pé e aterrissam com o mesmo pé ou com os dois pés, saltos que dão impulso com um pé e aterrissam com o outro. Na realização dos *sautés*, o bailarino começa executando *demi -plié* na posição inicial e impulsiona o corpo para cima, estendendo as pernas com os pés esticados. Dependendo do tipo de *sauté*, as pernas podem mudar de posição ou de direção durante a fase aérea. A técnica de aterrissagem é tão importante quanto a de impulso, e isso vale para todos os saltos. A aterrissagem começa quando os dedos fazem *flex* à medida que alcançam o solo, pressionando todo o pé contra o chão, e termina com *demi-plié*. O bailarino deve empregar a força de resistência durante a aterrissagem para não dar a impressão de que está afundando e também para que ela seja silenciosa na preparação para o próximo passo ou salto.

Coupé devant e derrière (passo cortado, na frente ou atrás)

O bailarino deve começar em *demi-plié* na terceira ou na quinta posição e saltar, de modo que ambas as pernas fiquem completamente estendidas. Deve então aterrissar com o pé da frente ou o pé de trás posicionado um pouco abaixo da metade da distância entre o joelho e o tornozelo. No *coupé devant*, a lateral do dedo mínimo fica em contato com a parte dianteira da perna. No *coupé derrière*, o calcanhar do pé de trabalho toca a parte posterior da perna de base.

Sauté em primeira posição (salto na primeira posição)

Começando com um *demi-plié* na primeira posição, o aluno vai esticar ambas as pernas e dar impulso para executar uma primeira posição aérea e completamente estendida. Os pés aterrissam junto, os dedos devem ser os primeiros a tocar o solo, seguidos dos metatarsais e então dos calcanhares, fazendo um *demi-plié*. A força de resistência deve ser empregada durante a aterrissagem. Esse passo costuma ser executado em séries de quatro ou de oito e pode ser combinado a outros *sautés* e a outros passos em *petit allegro*.

Sauté em segunda posição (salto na segunda posição)

Esse salto é parecido com o *sauté* na primeira posição, mas ele começa e termina na segunda posição. O *sauté* na segunda posição é executado em séries de quatro ou oito saltos e pode ser parte de uma sequência de *sautés* ou de passos em *petit allegro*.

Changement (troca de pés)

Começando na terceira ou na quinta posição, o bailarino salta verticalmente. No ar, muda os pés da quinta para a primeira posição e volta para a quinta de novo, com o pé que começou atrás agora na frente. Aterrissa então na terceira ou na quinta posição e faz *demi-plié*.

Temps levé (tempo levantado)

Para o *temps levé*, o aluno faz um *demi-plié* para iniciar o salto que termina sempre sobre uma perna só em *demi-plié*, com a outra em qualquer posição. No método Cecchetti, o termo também significa um salto em que o aluno começa saltando com os dois pés na quinta posição com uma fase aérea antes de finalizar sobre uma perna com o pé de trabalho em contato com a perna de base, seja na frente ou atrás, abaixo do joelho ou na posição em *coupé*. A perna de trabalho fica com o joelho flexionado e *en dehors*.

O *temps levé* normalmente é incorporado a passos em *allegro* e requer que o bailarino salte alto o suficiente para conseguir estender por completo a perna de base e fazer com que a ponta do pé de trabalho fique voltada para o solo durante a fase aérea.

▶ *Échappé sauté* (salto escapado)

O *échappé sauté* é um salto fiel à sua tradução. Começando na quinta posição, o bailarino salta verticalmente, e no ar afasta as pernas na segunda posição antes de aterrissar em *demi-plié* na segunda posição. Saltando na segunda posição, o aluno fecha as pernas na quinta posição e, normalmente troca a perna que fica na frente antes de aterrissar em *demi-plié*. A diferença entre as versões *petit* e *grand* do *échappé sauté* é a quantidade de tempo que o aluno leva para abrir e manter a segunda posição antes de aterrissar na segunda ou fechar na quinta posição.

Passos em *petit allegro*

Os passos pequenos e ligeiros dessa categoria se valem de saltos que dão impulso com um pé e aterrissam com o mesmo pé ou com os dois pés, saltos que dão impulso com os dois pés e aterrissam com um ou com os dois pés e saltos que transferem o peso de um pé para o outro. Em geral, na aula de ballet para iniciantes, esses passos em *petit allegro* são praticados individualmente antes de serem incorporados em uma sequência.

▶ *Pas de chat* (passo do gato)

O aluno começa em *demi-plié* na terceira ou na quinta posição. A perna de trás é levantada para fazer *retiré derrière*, enquanto a da frente é empurrada para o ar. Então a perna dianteira é levantada para fazer um *retiré devant* durante a fase aérea, e ambos os pés aterrissam sequencialmente em *demi-plié* na terceira ou na quinta posição.

▶ *Jeté derrière* (jogado)

Começando em *demi-plié* na quinta posição, o aluno transfere o peso para a perna da frente e arrasta o pé de trás, que deve estar inteiramente apoiado no chão, *à la seconde*. A perna de base empurra o corpo para cima, para um movimento aéreo. Ambas as pernas se estendem, formando uma segunda posição pequenina antes de descer. A aterrissagem deve ser feita com o outro pé na frente em *demi-plié* e o pé de trás em *coupé derrière*. O vocabulário de ballet compreende muitas formas de realizar o passo *jeté*.

▶ *Assemblé* (reunido)

Na quinta posição, o bailarino começa executando um *dégagé à la seconde*, enquanto a perna de base se flexiona em *demi-plié* e, em seguida, dá um impulso para um salto vertical. Ambas as pernas se reúnem no ar e terminam o movimento com um *demi-plié* na quinta posição.

▶ *Piqué en avant* (passo picado para a frente)

O bailarino começa com a perna de trabalho em *pointe tendu devant*. Conforme a perna de base executa um *demi-plié*, a perna de trabalho é levantada à altura de um *battement dégagé*. A perna de trás então empurra rapidamente o peso sobre o pé da frente fazendo uma meia-ponta alta. Na meia-ponta, o calcanhar traseiro deve ficar em contato com a parte posterior do joelho, e, em seguida, o pé de trás já passa para um *demi-plié* diretamente atrás do pé da frente, liberando a perna dianteira em um *battement dégagé*.

Passos em *grand allegro*

Saltos elevados e saltos amplos que pairam no ar e aterrissam suavemente enquanto os bailarinos se movimentam pelo espaço são a marca registrada dos passos em *grand allegro*. Ao se preparar para a execução desses passos em *grand allegro*, o bailarino usa passos introdutórios ou de ligação como caminhadas, corridas, *chassés* ou *glissades* a fim de ajudá-lo a ganhar velocidade para se impulsionar no ar, para mudar a direção ou para executar algum outro passo. Na aula de ballet, o aluno executa esses passos tanto individualmente como em sequências. Essas sequências são com frequência executadas no fim da aula e trabalham movimentações pelo espaço da sala. Em geral, primeiro o aluno executa tais sequências em fila, atravessando a sala, e depois em diagonal, cruzando de canto a canto.

Arabesque sauté (*arabesque* saltado)

A pose do *arabesque* executada com um salto no ar e finalizada com um *arabesque* em *fondu* é o que compõe esse versátil passo, cuja tradução pode gerar um pouco de confusão, uma vez que o *sauté* dá a impressão de um salto realizado com impulso das duas pernas quando, na verdade, trata-se de um salto que dá impulso sobre apenas uma perna. Para executar esse passo, o bailarino precisa fazer a pose do *arabesque* e, sustentando essa pose, fazer um *demi-plié* com a perna de base e com ela dar impulso e saltar no ar, aterrissando em *demi-plié*. Os movimentos de ligação para o *arabesque sauté* são rápidos, de modo que o foco recai sobre as belas linhas do *arabesque*. É comum a execução desse passo com alternância de lados.

Grand jeté (grande salto)

Um *grand jeté* é simplesmente um salto amplo em que o bailarino dá impulso com uma perna e aterrissa com a outra, descrevendo uma trajetória curva. A preparação para o *grand jeté* pode ser uma corrida, um *chassé* ou um *glissade*. Conforme o aluno executa um *grand battement devant*, a perna de trás impulsiona o corpo para o ar e se estica à medida que sobe a 45 graus ou mais. A aterrissagem é feita com um *demi-plié* sobre a perna da frente, enquanto o corpo contrabalanceia o movimento estendendo a perna de trás para cima. Os braços se movimentam em oposição à perna dianteira no *grand battement devant* do *grand jeté*.

Geralmente, na aula de ballet para iniciantes, após as sequências do centro, os alunos retornam à barra para praticar mais alguns passos. Usar a barra para praticar novamente determinado passo ajuda a aprimorar a compreensão cinestésica do aluno a respeito desse passo bem como de outras áreas que ainda necessitem de mais prática.

Révérence

A parte final da prática no centro em uma aula tradicional de ballet é a *révérence* ou a sequência para agradecer ao professor e ao músico da aula. Essa sequência de movimentos lentos com *port de bras* é parecida para homens e mulheres. Ao fim da *révérence*, os homens se curvam, e as mulheres fazem uma reverência, e todos os dançarinos aplaudem o professor e o músico.

Resumo

A parte central da aula de ballet para iniciantes constitui o aprendizado de um vocabulário básico de posições, de poses e de diferentes tipos de passos – os blocos que constroem as sequências de ballet e as coreografias. Durante o curso de ballet para iniciantes, as sequências do centro mais simples vão ficando mais longas e mais complexas à medida que vão agregando tipos variados de movimentos e se tornam cada vez mais desafiadoras, tanto física como mentalmente. É no centro que o aluno aprende, de fato, a dançar.

História do ballet

8

O ballet é uma arte praticada em todo o mundo atualmente. A história dessa dança se desenvolveu sob o patrocínio de reis que queriam uma forma de entretenimento, de empresários que ansiavam por apresentar o ballet a novos públicos e de coreógrafos e de dançarinos que investiram em novas ideias de movimentos para expressar suas visões artísticas.

Ao longo de toda a história do ballet, vários artistas contribuíram com inovações que garantiram seu reconhecimento como arte performática independente. Montagens significativas do século XIX ainda perduram, seja pelos registros escritos ou pelo ensino e pela encenação desses ballets, geração após geração de coreógrafos e de dançarinos. Tais obras são representantes de parte da literatura do ballet como arte performática. Por meio de suas interpretações dessas obras, os *artistas do ballet* contribuíram com as mudanças ocorridas nos estilos da dança. Do mesmo modo, sua estética evoluiu ao longo das eras históricas e de seus trabalhos mais significativos, resultando em uma variedade de estilos.

Este capítulo fornece um panorama a respeito da evolução do ballet por várias centenas de anos. Ter conhecimento desse processo evolutivo pode ampliar a compreensão do aluno quanto aos movimentos que executa, bem como em relação às tradições que segue na sala de aula, assim como também pode lhe proporcionar mais prazer ao assistir a apresentações de ballet, pois o ajudará a distinguir entre as diferentes categorias e os diferentes estilos de ballet. Saber como o ballet se tornou a forma de arte que é hoje só pode aprimorar a experiência geral do aluno na condição de bailarino.

Início do ballet

Durante a Renascença italiana, influentes mestres de dança em muitas das mais poderosas cortes criaram espetáculos reais sofisticadíssimos para a aristocracia. Os mestres de dança proporcionavam instruções diárias aos membros da corte a respeito das danças populares do período e organizavam, como forma de entretenimento, espetáculos de bal-

> ### Você sabia?
> A palavra "ballet" vem do italiano *ballare*, que significa "dançar". *Ballo* se refere às danças executadas no salão de baile.

let tanto com dançarinos da corte quanto com dançarinos profissionais. Reis, duques e membros da aristocracia encomendavam a encenação de ballets em seus grandes salões durante banquetes, confraternizações ou espetáculos ao ar livre para celebrar ocasiões especiais, tais como a visita de um dignatário, casamentos e coroações. Esses ballets se valiam das danças populares sociais do período e apresentavam poesias, canções, músicas, recursos teatrais e figurinos extravagantes que em geral eram criados especialmente para o evento.

O ballet italiano se muda para a França

No século XVI, Catarina de Médici (1519-1589), da poderosa família italiana De Médici, casou-se com o duque de Orléans, que se tornou o rei Henrique II da França. Ao se mudar para a França, ela levou consigo seus divertimentos e passatempos italianos. Após a morte de Henrique, Catarina se tornou a rainha regente. Nessa posição, ela encomendou muitos ballets de corte, ou ***ballets de cour***, como entretenimentos de inspiração política. Em 1581, a rainha encarregou Balthasar de Beaujoyeulx, um violinista italiano da corte, da produção de um extravagante espetáculo, ***Le Ballet-Comique de la Reine***, que desde então é considerado o primeiro ballet (Fig. 8.1). O *Comique de la Reine* se tornou um marco na história do ballet em razão de suas formações geométricas inovadoras. A montagem incluía dança, recitais de poesia, música, cenários e figurinos exuberantes.

Figura 8.1 *Le Ballet-Comique de la Reine*.

The Harvard Theatre Collection, Houghton Library.

Em 1588, **Thoinot Arbeau** (ca. 1519-1595) publicou *Orchesographie*, livro em que registrou as danças populares do século XVI. Esse manual de instruções incluía informações sobre a música que acompanhava as danças, sobre os costumes sociais, além de também oferecer conselhos conjugais. O *Orchesographie* foi importante na constituição do ballet e exerceu influência no processo de transferência do desenvolvimento do ballet da Itália para a França.

O ballet na corte francesa

Na França do século XVII, o rei Luís XIII, um ardoroso dançarino e produtor dos entretenimentos da corte, frequentemente figurava em várias apresentações em uma mesma noite, com sua companhia composta apenas de homens. Ele se apresentava para a corte, depois se apresentava na casa de algum nobre menor e, por fim, fazia uma última apresentação para o povo da cidade na frente da prefeitura de Paris. A paixão do rei pela dança e pelo entretenimento foi o que preparou o caminho para a fase seguinte de desenvolvimento do ballet.

Luís XIV

O rei **Luís XIV** (1638-1715) da França foi dançarino, produtor de mais de 1.000 ballets e patrono das artes (Fig. 8.2). Os ballets de corte tinham a mitologia grega como tema predominante e eram compostos pela combinação de diálogos dramáticos cantados ou declamados, música e arranjos de danças da corte. Os cortesãos executavam as danças caracterizados de deuses, deusas ou outros personagens mitológicos. Os dançarinos trajavam vestidos de corte aos quais acrescentavam adornos para distinguir seus papéis e também usavam máscaras. Cortesãos ou dançarinos profissionais eram quem interpretava os papéis femininos nos ballets.

Jean Baptiste Lully

O supervisor dos ballets do rei Luís XIV era **Jean Baptiste Lully** (1632-1687), músico e compositor italiano. Os ballets de corte desenvolveram-se em uma variedade de formas de entretenimento. Posteriormente indicado como diretor da Academie Royale de la Musique, Lully ampliou a academia para que pudesse incluir a dança.

Pierre Beauchamps

Um dançarino chamado **Pierre Beauchamps** (1636-1705) foi quem posteriormente serviu ao rei como mestre de dança, ou *maître* de ballet. A Beauchamps coube o crédito de definir o número de posições de pés para as cinco posições, uma das bases do ballet clássico. O desenvolvimento da academia foi acompanhado pelo desenvolvimento do treinamento da dança, originando uma sofisticada técnica e padrões de execução. Dançarinos profissionais assumiram o lugar dos cortesãos nas apresentações de ballet.

Mademoiselle de La Fontaine

Primeira dançarina profissional, **Mademoiselle de La Fontaine** (1655-1738) estreou em 1681 no ballet *Le Triomphe de l'Amour*, apresentando-se com sapatos de salto alto e um vestido de corte que ia até o chão.

Figura 8.2 O rei Luís XIV no papel de *Roi Soleil*, o Rei Sol, 1653. Bibliotheque Nationale de France.

Danças da corte

Durante o século XVII, Paris, a França e a Ópera de Paris tornaram-se o centro do desenvolvimento do ballet. Danças apresentadas na corte para divertimento social continuavam sendo trabalhadas como base para outros entretenimentos e outras formas de ballet. Cortesãos e dançarinos profissionais passavam os dias aprimorando sua técnica de dança, cujo aprendizado era levado muito a sério pelos membros da aristocracia. O modo como alguém dançava, bem como as maneiras e a compreensão dos protocolos da corte estavam diretamente relacionados com seu lugar na sociedade.

Desde seus primórdios renascentistas, as danças podiam ser categorizadas em dois tipos distintos: *haute danses* (**danças altas**), que apresentavam corridas, saltos e movimentos de elevações dos pés, em contraste com as *basse danses* (**danças baixas**), que usavam movimentos e passos curtos e deslizantes para se mover pelo espaço. Muitas danças de grupos ou de casais que costumavam ser dançadas por camponeses em celebrações ao ar livre, em festivais ou em eventos da vida social acabaram se tornando danças mais tranquilas, executadas no interior de castelos nos salões de banquetes. Ao longo de vários séculos, os tipos populares de danças *haute* e *basse* foram evoluindo até se tornarem danças regionais em diferentes países. Enquanto isso, na corte, surgiam músicas e danças divididas em duas partes, as suítes. Cerca de um século depois, elas se expandiram para suítes de quatro partes.

Suítes em forma binária (composta de duas partes)

A partir da Renascença, as formas de dança e de música se desenvolveram em conjunto. Primeiro, uma suíte de duas partes começava com uma **pavane**, uma dança processional lenta e imponente em compasso de 4/4. Os dançarinos da corte desfilavam ao redor do grande salão, dispostos em casais ou em trios e exibiam seus trajes. Imediatamente após a *pavane*, vinha a **galharda**, uma vigorosa dança de casais com saltos e elevações dos pés em compasso ternário. Durante a dança, o homem fazia um solo para sua parceira.

Suítes em forma quaternária (composta de quatro partes)

Por volta de 1620, as suítes de duas partes evoluíram para suítes de quatro partes. Entre essas suítes de dança e de música estava a **allemande**, dança de casais, geralmente, com compasso 4/4 que substituiu a *pavane* como primeira dança. Para essa dança lenta de casais, os dançarinos se davam uma ou ambas as mãos e o homem girava a mulher por debaixo de seu braço. O **courante**, a segunda dança da suíte, era originário da Itália. Era uma dança, geralmente, de compasso 3/4 na qual os dançarinos executavam passos corridos ou saltados. O *courante* era uma das danças favoritas da corte francesa. A terceira dança era a **sarabanda**. Originária da Espanha, era uma dança popular viva, mas quando chegou à França tornou-se uma tranquila dança processional com compasso ternário que era bem dançada até o século XVIII. A última dança da suíte quaternária era a **giga**, uma dança popular de triplo tempo cuja característica são movimentos rápidos de pé que podem ser executados em várias versões. Durante todos esses

Você sabia?

Historiadores escreveram que a rainha Elizabeth I da Inglaterra dançava cinco ou mais galhardas antes do café da manhã.

séculos, as suítes de quatro partes resistiram ao tempo, muitas danças de corte surgiram e desapareceram ou foram incorporadas em formas de entretenimento do ballet.

Tipos de ballet de entretenimento

Durante os séculos XVI e XVII, surgiram várias formas de ballet de entretenimento que usavam passos das danças da corte. Para esses divertimentos na corte eram necessários grandes salas e salões de bailes para dançar. Pajens com tochas posicionavam-se ao longo das paredes para iluminar o amplo espaço de dança.

Ballet mascarado

Nesse popular ballet de entretenimento, os participantes compareciam ao baile mascarados e fantasiados. Depois de muitas danças e da apresentação de um grande ballet, os dançarinos tiravam as máscaras e continuavam dançando durante toda a noite.

Ballet pastoral

Nesse tipo específico de ballet de máscaras, os participantes usavam trajes rústicos ou representavam sátiros ou ninfas da floresta.

Ballet melodramático

Montagem com temas inspirados na mitologia, o ballet melodramático era composto de uma série de interlúdios musicais, declamatórios e recitais. O modo como a parte cantada foi se tornando mais proeminente nessa forma de ballet foi o que levou ao desenvolvimento da ópera.

Ballet *comique*

O ballet *comique* podia ser inspirado tanto em temas pastorais como em temas mitológicos. Esse tipo de ballet perpetuou os ideais renascentistas de revitalização de mitos gregos e histórias de deuses durante o período barroco.

Ballet *de cour*

O ballet *de cour* surgiu em 1620 e se estendeu por todo o reinado de Luís XIV. Ele era composto de uma série de entradas ou de cenas de ballet que aliavam dança e texto declamado ou cantado, mas sem um tema unificador que culminasse em um grande ballet. O objetivo subjacente dessa forma de ballet era glorificar o monarca e distrair os cortesãos das políticas reais, ao mesmo tempo que educava e impressionava a corte e os cidadãos que a ele assistiam. Os papéis principais ainda eram interpretados por dançarinos profissionais, mas posteriormente cortesãs começaram a fazer os papéis de ninfas e de feiticeiras.

O ballet se muda da corte para o teatro

Após a morte de Luís XIV, França e Europa vivenciaram mudanças nos planos político e econômico que surtiram efeitos também nas artes. A Ópera de Paris, fundada no século XVII, continuou sendo o centro do universo do ballet, mas isso estava prestes a mudar no início do século XVIII. Coreógrafos encenaram ballets produzidos na Ópera de Paris e criaram novas obras para os palcos londrinos, para as cortes e para as casas de ópera alemãs, austríacas e russas, bem como para os pequenos teatros da América colonial. O estilo artístico e a técnica de ballet dos franceses se espalharam por toda a Europa, pela Rússia e pelas colônias americanas e encontraram uma plateia ávida nos novos teatros.

No começo do século XVIII, o ballet ainda se concentrava nas lendas fantásticas de deuses e deusas. Porém, algum tempo depois, os dramas humanos se tornaram o foco dos ballets. Já no fim do século, espíritos voavam pelo ar suspensos por fios. Dando continuidade ao hábito do século anterior, os homens ainda dominavam os palcos, no entanto o papel das dançarinas estava crescendo, assim como sua influência no palco.

O cenário era uma série de panos de fundo pintados e painéis laterais que entravam em cena e dela saíam para estabelecer a ambientação do ballet. Um gigantesco candelabro acima do palco e uma fileira de velas ou de ribaltas na borda do proscênio iluminavam os dançarinos.

Durante o século XVIII, o ballet passou por muitas reformas consequentes do rápido desenvolvimento técnico, das inovações na música e nos figurinos e da expansão dos temas e das ideias para as coreografias.

Duas gerações de famílias de dançarinos comandaram a Ópera de Paris como *danseur nobles*, isto é, os principais dançarinos dramáticos. Na família Vestris, **Gaetan Vestris** (1729-1808), que ganhou o título de Deus da Dança, e seu filho **Auguste Vestris** (1760-1842) comandaram o palco da Ópera de Paris nos papéis de *danseur nobles*. Rivalizando com os Vestris na Ópera como dançarinos e mestres de dança, os irmãos Gardel, Maximilien (1741-1789) e Pierre (1758-1840), impeliram o ballet para novos caminhos. Dançarinos e dançarinas que encenavam personagens dramáticos ou cômicos exploravam saltos verticais, giros múltiplos ou piruetas e baterias.

Mudanças no figurino

Na Ópera de Paris, os homens usavam vestidos de corte estilizados com **tonelete** (uma saia com armação à altura do joelho), peruca, máscara e sapatos de salto alto. As mulheres se apresentavam com vestidos de corte que chegavam ao chão, sustentados por espartilhos apertados, anquinhas e armações que davam volume às saias, perucas altas e máscaras. Por cerca de três quartos do século XVIII, as máscaras fizeram parte do figurino de homens e de mulheres.

As dançarinas contribuíram com a reforma do ballet por meio de inovações nos figurinos e nas coreografias. **Marie Camargo** (1710-1770) foi uma dançarina extraordinária, conhecida por seu estilo ágil de trabalho de pé, pequenos saltos e *batteries*. Ela encurtou a própria saia para cima dos tornozelos para poder mostrar seus passos de bateria e, para facilitar seu impressionante trabalho de pé, trocou os sapatos de salto por sapatilhas planas. A reforma em seu figurino exigiu que ela usasse "calcinhas por precaução" por causa das extensões de perna que fazia e por causa do novo comprimento de sua saia.

Sua rival **Marie Sallé** (1707-1756) dançou tanto em Paris como em Londres. Conhecida por seu expressivo estilo de dança, foi uma das primeiras bailarinas reconhecidas como coreógrafas. Quando dançou no ballet *Pygmalion* (1734), Sallé abandonou o vestido de espartilho apertado com armações ou toneletes por um simples vestido de musselina. Também escandalizou o público ao remover a peruca e dançar com o cabelo solto.

Revoluções na dança e na música

O estilo musical de Lully perdurou no século XVIII com apresentações temáticas que se prolongavam noite adentro e continham cenas de ópera e de dança ou **óperas--ballets**. Quando o compositor Jean-Philippe Rameau emergiu como uma potência musical, configurou-se uma batalha entre sua visão artística e a forma e o estilo já arraigados de Lully. Rameau acreditava ser necessário haver uma base dramática para as óperas--ballets e música para acompanhar a execução das danças a fim de se alcançar uma performance coerente. Além dos músicos, coreógrafos e dançarinos escolheram seus lados. Camargo era uma *lullista*, ao passo que Sallé se tornou uma *ramista*. Tal divergência filosófica alimentou uma rivalidade contínua entre as duas dançarinas. A nova música também trouxe mudanças para as coreografias.

Na corte e na sociedade, as classes média e alta faziam aulas de dança. Aprender o **minueto**, uma complicada dança de casais, era um imperativo para se alcançar a elegância de movimentos e de modos exigidos pela sociedade nos salões de baile no século XVIII. Durante a primeira metade do século XVIII, o minueto tornou-se símbolo da aristocracia e da corte francesa, portanto esse período tornou-se conhecido como a era do minueto. Em oposição ao minueto, a **contradança** popularizou-se na França, na Inglaterra e nos Estados Unidos. A contradança era uma alegre dança de casais. Dispostos os casais em duas fileiras, de frente uns para os outros, um casal liderava os demais em uma série de passos e poses e então passava a liderança a outro casal.

Direções coreográficas

No início do século XVIII, **Raoul Auger Feuillet** (cerca de 1675-1730) publicou *Chorégraphie*, um manual de autoinstrução que descrevia as danças do período com uso de símbolos para observação dos padrões dos passos no chão e na música. Esse livro era um apanhado de danças dos séculos anteriores que incluíam as posições clássicas dos pés, o *en dehors* das pernas e o uso da língua francesa para expressar a terminologia do ballet.

Na metade do século, aproximadamente, vários coreógrafos incorporaram experimentos que abriram novos caminhos para o ballet.

Jean Georges Noverre

Depois de coreografar nas cortes reais da Europa e nos palcos de Londres, **Jean Georges Noverre** (1727-1810) foi indicado por Maria Antonieta como mestre de ballet da Ópera de Paris. Coreógrafo prolífico, recebeu o crédito pela criação de mais de 150 ballets. Sua contribuição mais duradoura, no entanto, foi *Lettres sur le Danse et le Ballet* (1760), que ele escreveu para distinguir o ballet como uma forma de arte separada da ópera e em que estabelece quatro princípios como a fundação do *ballet d'action* (Ballet de Repertório). Ele escreveu o seguinte:

> ### Você sabia?
>
> **Coreógrafo** deriva do grego e significa "escritor". No século XVIII, o termo *coreógrafo* começou a ser utilizado e substituiu termos anteriores, como *supervisor de dança* ou *organizador*, para indicar a pessoa que criava as danças.

- O ballet emprega movimentos técnicos, dramáticos e expressivos sem usar palavras.
- O enredo do ballet deve ser o principal em relação ao enredo dramático ou ao tema no qual todos os solos e outras coreografias se relacionam com a trama ou com a qual contribuem.
- Elementos da produção como cenário, música e figurinos devem estar relacionados com o enredo.
- Pantomimas e gestos devem ser significativos em vez de meras convenções sem sentido.

Kassing (2007), p. 122.

Uma nova forma de ballet, chamada **ballet d'action** (Ballet de Repertório), usava dança e pantomima para apresentar um ballet dramático, unificado. Em 1770, o ballet de Noverre *Médée et Jason* imitava os princípios do *ballet d'action*.

Jean Dauberval

Seguindo os passos de Noverre, Jean Dauberval (1742-1816) ampliou as ideias de Noverre em seu ballet de dois atos, *La Fille Mal Gardée* (1789). Nesse ballet cômico, nobres e camponeses tentam resolver um triângulo amoroso. As coreografias incluíam tanto danças populares como movimentos à caráter.

Charles-Louis Didelot

No fim do século, os ballets de Charles-Louis Didelot tornaram-se precursores do que viria no século seguinte. As dançarinas usavam asas em seus figurinos, e espíritos voavam pelo ar. Didelot encenou suas obras na Europa antes de se mudar para a Rússia, onde seu trabalho estabeleceu as fundações do ballet russo.

Durante o século XVIII, e especialmente após a Revolução Francesa, o ballet se difundiu por toda a Europa, pela Rússia e pelos Estados Unidos por intermédio dos mestres de dança franceses e suas coreografias.

Um século de contraste: do Romantismo ao Classicismo

O século XIX foi um século de contrastes no que diz respeito aos estilos de ballet, desde o Romantismo na primeira metade até o Classicismo na segunda metade. O Romantismo surgiu primeiro como um movimento literário na segunda metade do século XVIII e no início do XIX tornou-se uma revolução. Em oposição às artes e à sociedade do século XVIII, o Romantismo exaltava as qualidades humanas, seus potenciais e lado emocional. Em 1820, o Romantismo emergiu e se difundiu pelas artes; os ballets românticos se tornaram os principais veículos desse estilo artístico. Na primeira metade dos anos 1800, guerras e reviravoltas políticas e econômicas em toda a Europa provocaram mudanças de estilo nas artes, que passaram do Romantismo ao Realismo. Na Rússia, o ballet estava ganhando a cena desde o século XVIII em virtude da influência contínua das visitas prolongadas ou da mudança de mestres de ballet franceses. No último quarto do século XIX, a era clássica do ballet surgiu não na Europa, mas na Rússia, e sob a direção de um dançarino e coreógrafo francês.

Os teatros imperiais russos patrocinados pelo czar contavam com o suporte financeiro para produções requintadas, que contratavam dançarinos europeus para se apresentar, ensinar e desafiar os dançarinos russos. Durante a era clássica, o ballet cresceu como uma arte independente, desenvolvendo rápido uma técnica sólida, experimentando mudanças na forma e no estilo e apoiando novas tecnologias teatrais. Com essas mudanças na forma, no estilo e na performance do ballet, veio também uma mudança estética para sustentar o ballet como uma forma de arte clássica.

Em um século, o ballet conseguiu sua independência da ópera e do drama, tornou-se um veículo do estilo romântico nas artes e alcançou o status de clássico como arte performática.

Ballet romântico

O Romantismo foi um estilo artístico de curta duração no século XIX que permeou a literatura, a poesia, a música e o ballet. Os ballets românticos foram imensamente populares porque essa forma de entretenimento teatral proporcionava às pessoas uma fuga do trabalho enfadonho durante a Revolução Industrial. Com o surgimento do Romantismo como um estilo artístico, o ballet despontou como arte performática independente.

Papéis e estilo

Enquanto os ballets eram interlúdios tanto para óperas como para dramas no século XVIII, os **ballets românticos** eram histórias de ação dramática contadas em dois atos por meio da dança e da pantomima. O ato I era ambientado em algum lugar longínquo ou em algum tempo em um passado distante. O ato II se passava em um mundo fantástico, como uma floresta misteriosa, um lugar exótico ou um ambiente no fundo do mar.

A heroína interpretava o papel central nos ballets românticos. No primeiro ato, ela aparecia como uma donzela inocente com os aldeões e o povo do vilarejo nos papéis secundários. No segundo ato, ela se transformava em alguma entidade sobrenatural do ar ou da água ou era transportada para algum local exótico. Grupos de Wilis, náiades ou outros espíritos e criaturas exóticas dançavam com ela.

Os papéis das mulheres no palco encarnavam o ideal romântico das mulheres como seres delicados que os homens deviam colocar sobre pedestais. Em oposição a esses papéis femininos etéreos estavam as mulheres terrenas, fortes e sensuais representadas pelas mulheres independentes que surgiam em vários setores da sociedade, como as artes e a educação.

No palco, os homens assumiam os papéis de nobres ou de camponeses. Nos ballets, os personagens principais se envolviam em triângulos amorosos ou em casos de amor não correspondidos entre humanos ou espíritos. O bailarino principal era o par de dança da heroína; eles executavam elevações simples, e ele a sustentava em belas poses.

Os papéis femininos e os masculinos impulsionaram o estilo romântico do ballet. A dançarina era a encarnação da ilusão romântica como estilo nos instantes em que fazia as poses *sur les pointes* (na ponta dos pés) sobre suas benditas sapatilhas de ballet. Ela plainava pelo solo com passos deslizantes, saltos leves e elevada no ar por seu parceiro (*partner*). Às vezes, as mulheres interpretavam papéis de espíritos e voavam suspensas no ar por fios, apenas para serem capturadas por seus parceiros. Além de suas funções básicas como parceiros, os bailarinos também executavam saltos e giros múltiplos.

O estilo romântico do ballet envolvia uma história melodramática com elementos fantásticos. Cenários teatrais exóticos ou dramáticos aliados à tecnologia criavam ambientes fantásticos, enquanto a música amparava a dança, a mímica e a ação dramática para cativar e deliciar o público.

Figurinos românticos

As dançarinas vestiam os **tutus** românticos. Esses vestidos de gaze com espartilhos apertados tinham saias de tule com várias camadas que iam até o meio da panturrilha ou eram ainda mais longas. Meias-calças cor-de-rosa e sapatilhas de cetim com fitas que eram amarradas em volta do tornozelo completavam o figurino romântico. Frequentemente, os tutus das dançarinas tinham asas pequeninas pregadas na parte de trás da cintura. As *ballerinas* usavam coroas de flores frescas e joias. Os dançarinos vestiam camisas de camponeses, às vezes com coletes ou casacos, e calças corsário sobre as meias-calças e sapatilhas pretas.

Todos esses elementos estilísticos embalados em conjunto como um ballet romântico compunham uma noite imbatível de diversão e entretenimento para a audiência do mundo real.

Dançarinos e coreógrafos românticos

As dançarinas reivindicaram o centro do palco nos ballets românticos enquanto os dançarinos, que dominaram os ballets do século XVIII, assumiram os papéis secundários sobre os palcos, mas continuaram como coreógrafos e mestres de ballet, realizando a direção artística. Cinco dançarinas foram as estrelas da era romântica. Cada uma delas tinha sua própria personalidade e deu suas contribuições a essa incrível, ainda que breve, era do ballet.

O *Pas de Quatre* contava com as quatro divindades do ballet romântico.

Jerome Robbins Dance Division, The New York Public Library for the Performing Arts, Astor, Lenox and Tilden Foundations.

Marie Taglioni

Dançarina italiana treinada pelo pai, **Marie Taglioni** (1804-1884) encarnou o lado etéreo do Romantismo. Seu papel como sílfide em *La Sylphide* (1832) a transformou em uma estrela. No espetáculo, ela vestiu um figurino romântico branco, com meias-calças cor-de-rosa e sapatilhas de cetim com as fitas amarradas em volta do tornozelo, e seu traje se tornou a referência de estilo para as dançarinas românticas e de moda para a sociedade. Quando dançava, a qualidade fluida de seus movimentos delicados e a habilidade de sustentar a pose na ponta dos pés por alguns instantes eram a representação do espírito romântico. Taglioni dançou nos principais teatros europeus, e sua última apresentação foi na Rússia. Seus papéis mais consagrados foram em *La Sylphide* e como *ballerina* principal em *Pas de Quatre*.

Carlotta Grisi

Dançarina italiana que estudou no ballet La Scala, **Carlotta Grisi** (1819-1899) tornou-se pupila e parceira de dança do coreógrafo Jules Perrot. Na Ópera de Paris, dançou o papel principal no ballet *Giselle*, que foi criado por Jean Coralli e Perrot; Théophile Gautier escreveu o roteiro do ballet para ela. Como a primeira *Giselle*, Grisi se tornou uma das mais importantes *ballerinas* no ballet romântico, interpretando *Giselle* e outros ballets nas principais capitais europeias e na Rússia. Muitos acreditam que ela foi a primeira *ballerina* a usar uma sapatilha com box, o que lhe permitiu dançar nas pontas.

Fanny Cerrito

Dançarina italiana que fez sucesso no La Scala, **Fanny Cerrito** (1817-1909) se tornou uma estrela nos palcos de Londres. Como pupila e parceira de Perrot, interpretou muitos de seus ballets durante e após a era romântica. Sua técnica brilhante foi aplaudida em toda a Europa e na Rússia.

Lucile Grahn

A bailarina dinamarquesa **Lucile Grahn** (1819-1907) interpretou o papel-título em *La Sylphide* na Dinamarca antes de dançar na Ópera de Paris, em outras capitais europeias e na Rússia. De volta à Dinamarca, recriou os papéis românticos de sílfide no desenvolvimento do Royal Danish Ballet sob a direção coreográfica de August Bournonville. Era conhecida como a "Taglioni dinamarquesa".

Fanny Elssler

Treinada em Viena, **Fanny Elssler** (1810-1884) se apresentou por toda a Europa antes de estrear na Ópera de Paris em 1834 já estabelecida como uma estrela. Em 1836, apresentou um solo de uma dança espanhola a caráter, *La Cachuca*, que demonstrou seu temperamento ardoroso e movimentos densos. Esse papel contrastou com os papéis etéreos que ela dançava nos ballets românticos. Elssler era uma excelente atriz e uma dançarina versátil com uma técnica de ballet sólida e brilhante que lhe permitia dançar nas pontas. Em 1839, tornou-se a principal *ballerina* da Ópera de Paris, rivalizando com Marie Taglioni. No ano seguinte, embarcou em uma turnê de dois anos pelos Estados Unidos, o que a fez quebrar seu contrato com a Ópera. Ao retornar à Europa, dançou em Londres e na Rússia e, por fim, aposentou-se em Viena.

Jules Perrot

Jules Perrot (1810-1892), dançarino francês que estudou com August Vestris, dançou como solista em Londres antes de retornar à Ópera de Paris como parceiro de Marie Taglioni. Saiu da Ópera e na Itália se tornou professor e par de Carlotta Grisi. Perrot é considerado o maior dançarino da era romântica. Como coreógrafo e mestre de ballet em Londres, aplicou as teorias de Jean-Georges Noverre em seus ballets românticos. Os ballets de Perrot caracterizavam-se pelos enredos dramáticos, pelos personagens verossímeis, pelas ações e mímicas que faziam a trama prosseguir. Em contrapartida, *Pas de Quatre* era um ballet que apresentava as quatro *ballerinas* românticas do período e seus respectivos estilos de dança. Nos anos 1850, Perrot tornou-se o mestre de ballet do Teatro Imperial de São Petersburgo, onde remontou seus ballets e criou novas obras.

August Bournonville

Dançarino, coreógrafo e diretor dinamarquês, **August Bournonville** (1805-1879) pertence a uma segunda geração de dançarinos. Estudou no Royal Danish Ballet e também em Paris, onde fez par com Taglioni. Depois de Paris, apresentou-se em várias capitais europeias antes de regressar à Dinamarca. Como diretor do Royal Danish Ballet, Bournonville encenou, coreografou e produziu ballets românticos para o repertório da companhia, ainda que a era romântica já tivesse chegado ao fim.

Ballets românticos

Dos inúmeros ballets românticos coreografados, apenas alguns sobreviveram até os dias de hoje. Os que perduraram são uma amostra do desenvolvimento de suas coreografias e estilos ao longo dessa breve, porém importante, era do ballet do século XIX. Os ballets românticos consolidaram a independência do ballet na condição de arte performática em relação à ópera-ballet do século XVIII.

Entre os principais atributos da forma e do estilo do ballet romântico, destacam-se:

- A apresentação do ballet em dois atos.
- A ambientação do ato I, que normalmente se passa em um tempo ou lugar distante.
- A trama que geralmente envolve um triângulo amoroso, amores não correspondidos, problemas recheados de emoções.
- A história contada por personagens que, além de executar as coreografias do ballet, também interpretam as danças populares e as danças a caráter e se valem de pantomimas e ações dramáticas para dar prosseguimento ao enredo.
- A ambientação do ato II, que costuma ser em um lugar único, como o fundo do mar, uma floresta assombrada ou algum local exótico e povoado de seres sobrenaturais.
- A interação entre humanos e seres sobrenaturais, que completa a ação dramática da trama.

As tramas dos ballets românticos usavam temáticas góticas, popularizadas pelos escritores e pelos romances do período. Muitas montagens tinham livretos que serviam para apresentar a história e também para embasar as coreografias e a ação dramática que se desenrolava no palco.

A era do Romantismo e do ballet romântico foi curta, mas seus efeitos tiveram longo alcance no desenvolvimento do ballet como forma de arte. Dançarinos e coreógrafos apresentaram os ballets românticos cruzando a Europa, a Rússia e os Estados Unidos, e os elementos desses ballets ainda permeariam os ballets durante todo o século XIX e também no XX.

La Sylphide (1832). Filippo Taglioni coreografou esse ballet para exibir sua filha, Marie. Ele foi lançado durante a era romântica na Ópera de Paris. *La Sylphide* conta a história de James, um fazendeiro escocês. Na noite anterior a seu casamento com Effie, James encontra uma sílfide e a segue floresta adentro, onde depara com uma bruxa, Madge. Ela dá ao rapaz um xale mágico com o qual ele poderia capturar a sílfide. Quando reencontra a sílfide, James joga o xale sobre os ombros dela e ela cai morta. Na cena final do ballet, James está sentado em sua fazenda e ouve, ao longe, a comemoração do casamento de sua ex-prometida com outro homem.

Giselle (1841). O ato I começa em um vilarejo gótico, perdido em algum lugar do passado distante. Giselle, uma inocente camponesa se apaixona por Albrecht, um nobre disfarçado de camponês. Hillarion, um caçador que também está apaixonado por Giselle, previne a garota de que Albrecht tem outra identidade, enquanto a mãe dela a encoraja a se casar com medo de que se cumpra a profecia de que as donzelas que morrem sem casar estariam destinadas a dançar por toda a eternidade. Durante um festival no vilarejo a que a nobreza compareceria, Hillarion revela a identidade de Albrecht. Quando descobre que Albrecht está noivo da filha de um duque, Giselle enlouquece e morre. Ela está condenada a se tornar uma Wili, um espírito que dança do crepúsculo à alvorada.

O segundo ato começa em uma misteriosa floresta, à meia-noite, onde as Wilis dançam até o amanhecer. Primeiro, Hillarion visita o túmulo de Giselle e é descoberto pelas Wilis. Lideradas por sua rainha, Myrtha, as Wilis o obrigam a dançar até a exaustão e em seguida o atiram a um lago. Quando Albrecht aparece, Giselle, que agora é uma Wili, tenta protegê-lo e o enfeitiça e dança com ele durante toda a noite. Ao amanhecer, as Wilis vão embora descansar para a próxima noite, quando recomeçam a dançar. Albrecht acorda exausto e deixa a floresta apenas com a lembrança de Giselle.

O ballet *Giselle* é considerado um arquétipo do ballet romântico, pois contém os elementos estéticos e estilísticos preponderantes que fazem parte desse estilo de ballet. O papel de Giselle representa um desafio às *ballerinas*, uma vez que sua dualidade requer uma técnica impressionante aliada à habilidade de atuação e à maturidade de estilo para conduzir a mudança de donzela inocente a espírito etéreo.

Pas de Quatre (1845). O diretor de O Teatro de Sua Majestade, em Londres, conseguiu convencer as denominadas quatro divindades do ballet romântico, Marie Taglioni, Carlotta Grisi, Fanny Cerrito e Lucile Grahn, a atuarem em um ballet. Coreografado por Jules Perrot, esse ballet não tinha enredo e mostrava o estilo e o talento único de cada *ballerina*.

Coppélia (1870). Durante boa parte do século XIX, a Europa sofreu com reviravoltas políticas e eventos econômicos que despertaram nas pessoas uma nova percepção da realidade, na vida e também nos palcos. O ballet *Coppélia* atua como uma ponte do ballet romântico para o clássico. O coreógrafo Arthur St. Leon (1821-1870), dançarino multifacetado, músico e mestre de ballet, o apresentou em Londres, por toda a Europa e na Rússia. A trama de *Coppélia*, baseada na história de E.T.A. Hoffman, conta a história de Franz, Swanilda e seus amigos. O dr. Coppélius, um fabricante de brinquedos, constrói Coppélia, uma boneca mecânica. Franz vê Coppélia e, acreditando que ela está viva, apaixona-se por ela. Depois, Franz e Swanilda se reúnem no terceiro ato do ballet para celebrar seu casamento. *Coppélia* é um ballet delicioso, que contém muitos elementos românticos e cheios de fantasia, sendo interpretado ainda hoje em dia.

Ballet clássico

No último quarto do século XIX, o ballet clássico surgiu na Rússia, oriundo da combinação dos seguintes fatores: a influência de mestres de dança da França, que tinham reencenado seus ballets quando visitaram a Rússia ou para lá se mudaram ao longo de vários séculos, o desenvolvimento dos dançarinos russos e, por último, o influxo de mestres de dança e de dançarinos com treinamento italiano no ballet imperial russo. Em meados do século XIX, o artista e coreógrafo Jean Perrot remontou ballets como *Giselle* e outros de seus trabalhos na Rússia. Sob a direção artística de Perrot, Marius Petipa, um dançarino francês, foi à Rússia para se apresentar. Arthur St. Leon sucedeu Perrot como mestre de ballet. Depois de St. Leon, Petipa, que era assistente de Perrot, tornou-se mestre e coreógrafo nos Teatros Imperiais de São Petersburgo e é considerado o arquiteto do ballet clássico.

No fim do século XIX, o ballet chegou ao auge de seu período clássico como arte performática por causa da contribuição de inúmeros fatores: era financeiramente mantido pela realeza, os espetáculos tinham passagens dramáticas e coreografias muito bem planejadas, e os dançarinos tinham alcançado novos patamares de técnica e performance.

Os **ballets clássicos** contavam histórias dramáticas que normalmente misturavam elementos de história, realidade, fantasia e espetáculo. Os ballets clássicos podiam ter dois atos, como em *O quebra-nozes* (1892); quatro, como em *O lago dos cisnes* (1895) ou mais, como em *A bela adormecida* (1890), que incluía um epílogo. Esses longos ballets baseados em contos apresentavam coreografias, mímicas, danças a caráter e *pas de deux*.

No ballet clássico, assim como no romântico, a *ballerina* reinava suprema no palco, seguida pelo **premier danseur**, uma hierarquia de solistas e um **corps de ballet**. *Ballerinas* e solistas dominavam a cena dançando nas pontas dos pés com sapatilhas de ponta, fazendo piruetas múltiplas, movimentos sustentados e executando um trabalho de pé ágil e intrincado. Os dançarinos elevaram a técnica do ballet a novos patamares no papel de *premier danseurs*, executando saltos altos que desafiavam a gravidade, piruetas múltiplas e baterias surpreendentes enquanto pareciam estar suspensos no ar.

Pas de deux clássico

No ballet, o *premier danseur* e a *ballerina* executavam solos e um ou mais **pas de deux** ou dança a dois. O *pas de deux* é um desafio à técnica, à virtuosidade e ao estilo dos dançarinos principais. As bases do *pas de deux* remontam ao ballet romântico e se consolidaram durante a era clássica. Alguns *pas de deux* sobreviveram, enquanto os ballets que lhes deram origem se perderam no tempo. O ponto alto do ballet clássico era o **grand pas de deux** interpretado pela *ballerina* e pelo *premier danseur*. Trata-se da coreografia que mostra a técnica e a maestria de cada dançarino nos papéis principais no ballet.

A forma do *pas de deux*, que surgiu nos ballets românticos, evoluiu pela era clássica até se tornar uma coreografia com quatro partes. A dança de abertura tem um adágio, ou uma parte lenta na qual o homem e a mulher se apresentam à plateia como os personagens principais do ballet. O dançarino sustenta a dançarina em poses e em giros variados. Ele a levanta ou a carrega em diferentes posições e poses. Seguindo a parte do adágio, vêm as variações masculinas e femininas. A segunda coreografia mostra a virtuosidade da bateria do *premier danseur*, de seus saltos que desafiam a gravidade e múltiplas piruetas. Na terceira variação, a *ballerina* exibe suas habilidades técnicas e a agilidade de seu trabalho de pé, piruetas e equilíbrios nas pontas dos pés. Na última parte do *pas de deux*, ou o *finale*, os dois dançarinos alternam a execução de sequências curtas realizando proezas técnicas ainda mais impressionantes, as quais constroem um final apoteótico. A maioria dos ballets românticos e dos clássicos pereceu com o tempo, deixando apenas algumas obras significantes e *pas de deux* para serem interpretados hoje em dia.

Figurinos clássicos

Os dançarinos dos ballets clássicos vestiam uma gama de figurinos estilizados para representar seus papéis. Os trajes podiam remeter a um período histórico, a determinado país ou a algum lugar fantástico e acrescentavam atrativos visuais ao ballet. No entanto, o mais comum era as solistas e a *ballerina* usarem um figurino altamente estilizado ou tutu. Assim como o tutu romântico, o tutu clássico tinha um espartilho apertado, mas o comprimento das diversas camadas da saia variava para mostrar a técnica da dançarina e o trabalho de ponta, podendo ficar acima dos joelhos ou chegar até a panturrilha.

O figurino dos homens mudou pouco durante o século XIX. O *premier* e os dançarinos solistas vestiam figurinos bastante elaborados para representar um personagem, personificar um status da sociedade e também para serem distinguidos como os principais dançarinos. Os dançarinos vestiam calças corsário e meias-calças, similares à roupa usada no início do século, ou túnicas com roupas íntimas curtas e meias-calças.

A companhia de ballet

A montagem desses espetáculos de ballet exigia um grande elenco de dançarinos. A hierarquia de dançarinos abrangia desde o *corps de ballet*, ou o conjunto de dançarinos, que tinham status mais elevado do que os dançarinos do *demi-caractère*, que interpretavam os papéis cômicos ou os de figurantes, até os solistas. Junto às fileiras de solistas, o *premier danseur* e a *ballerina* dançavam os papéis principais no ballet.

Traduzido ao pé da letra, *corps de ballet* significa corpos de baile. Era o maior grupo de dançarinos que dançava as coreografias em conjunto nos momentos de descontração, para estabelecer a atmosfera do espetáculo, apresentar os interlúdios e realizar as **danças a caráter**. Essas danças mesclavam a técnica do ballet às danças populares, compondo coreografias estilizadas para representar as danças de outras culturas. Entre o *corps de ballet* e os solistas, os dançarinos do *demi-caractère* interpretavam os papéis cômicos ou os de figurantes.

Os bailarinos e as bailarinas solistas dançavam coreografias curtas durante todo o ballet para permitir que o *premier danseur* e a *ballerina* tivessem tempo de se recompor, pois eram eles, nos papéis principais, que executavam os solos, os duetos ou *pas de deux* e as mímicas das ações dramáticas.

Dançarinos e coreógrafos clássicos

O sistema do Teatro Imperial Russo incluía determinado número de teatros; os mais importantes eram o Bolshoi, em Moscou, e o Teatro Mariinsky, em São Petersburgo. Foi no palco Mariinsky que o ballet cristalizou sua forma clássica. Desde 1700, mestres de ballet e dançarinos da Europa tinham visitado a Rússia ou se mudado para o país. Durante o século XIX, alguns dos grandes inovadores, tanto da Europa como da Rússia, contribuíram com o desenvolvimento do ballet russo, das coreografias e da era clássica do ballet.

Marius Petipa

Marius Petipa (1819-1910) veio de uma família de dançarinos e estudou primeiro com o próprio pai e depois com Auguste Vestris. Na década de 1840, tornou-se um dos principais dançarinos da Ópera de Paris antes de se mudar para São Petersburgo, onde foi dançarino, assistente de Perrot e, finalmente, mestre de ballet. Petipa criou mais de 50 ballets durante sua carreira no Teatro Imperial. Entre seus trabalhos clássicos que perduraram estão *A bela adormecida* (1890), o *pas de deux* de *Dom Quixote* (1869) e *O lago dos cisnes* (com Lev Ivanov, 1895).

Suas extravagantes produções eram longas e se estendiam noite adentro apresentando ballet, pantomimas e danças a caráter. Nesse período, dançarinas oriundas da Itália desafiavam o desenvolvimento técnico dos dançarinos russos. O que propiciou a consolidação do ballet russo foram as contribuições do ballet francês e do italiano.

Lev Ivanov

Dançarino e coreógrafo russo, **Lev Ivanov** (1834-1901) estudou e atuou em Moscou antes de se juntar ao elenco do Teatro Mariinsky em 1850. Ivanov trabalhou à sombra de Petipa até que este fosse acometido por uma doença. Ivanov coreografou *O quebra-nozes*, um dos eternos queridinhos do ballet, mas seu legado é o segundo e o quarto ato de *O lago dos cisnes*.

Enrico Cecchetti

Dançarino, mímico e professor italiano, **Enrico Cecchetti** (1850-1928) tem uma carreira profundamente associada ao ballet russo. Sua carreira como professor estende-se desde a época de Petipa até o século XX com Diaghilev. Cecchetti é mais conhecido como o professor das estrelas do ballet russo e autor de um método de ballet progressivo.

Ballerinas italianas na Rússia

Enquanto os dançarinos russos ainda estavam emergindo como artistas performáticos, uma leva de *ballerinas* treinadas no La Scala e então por Cecchetti atuaram nas produções do Teatro Mariinsky.

Pierina Legnani (1863-1923) nasceu em Milão e dançou no La Scala. Deixou as plateias de Londres boquiabertas ao executar 32 *fouettés en tournant*, ou piruetas contínuas com chicoteadas. No ano seguinte, dançou o papel principal em *O lago dos cisnes* no Teatro Mariinsky, executando seus famosos *fouettés* no ballet. Suas proezas técnicas fizeram dela uma inspiração para os dançarinos russos, e seu trabalho criou um novo padrão para a *ballerina* da era clássica.

A dançarina italiana **Virginia Zucchi** (1849-1930) veio atuar com o ballet de São Petersburgo. Uma virtuose da técnica com habilidades de atuação soberbas, ela se tornou um parâmetro para os dançarinos russos durante a era clássica e também para a geração seguinte.

Ballets clássicos

Os ballets clássicos produzidos no final do século XIX continuam a encantar as plateias do século XXI. Tais montagens compõem a literatura da dança, de modo semelhante à literatura musical de vários períodos. A produção e a forma do ballet clássico são o que fazem dele uma forma de arte única, cujas obras têm características inconfundíveis; em outras palavras, são clássicos.

A bela adormecida **(1890).** Ainda montado hoje em dia, o ballet *A bela adormecida* é baseado no conto de fadas francês de Charles Perrault. Em colaboração com o compositor Piotr Tchaikovsky, Petipa criou esse ballet, que foi considerado o ápice da cultura russa czarista do século XIX. A montagem incluiu algumas das grandes ideias coreográficas de Petipa, apresentadas em variações de solo, de danças a caráter e *pas de deux*. Hoje em dia, em vez do ballet inteiro, é mais comum a apresentação do ato III ou do *grand pas de deux*.

O quebra-nozes **(1892).** Petipa escreveu o roteiro de *O quebra-nozes*, mas Ivanov coreografou esse popular ballet de dezembro, apresentado hoje nas mais diversas versões. Espetáculo em dois atos, a história começa em uma festa de Natal, quando Clara ganha um boneco quebra-nozes que se transforma em um belo príncipe. Durante um sonho, ela embarca com ele em uma viagem. No ato II, eles chegam à Terra dos Doces e são recebidos pela Fada Açucarada para uma celebração da dança.

O lago dos cisnes **(1895).** *O lago dos cisnes* é o protótipo de um ballet clássico. Petipa coreografou os atos I e III, ambientados no palácio, enquanto Ivanov coreografou os atos II e IV, que se passam no lago. O ballet conta a história da princesa Odette, que foi transformada em um cisne pelo feiticeiro maligno Von Rothbart. À meia-noite, a Rainha dos Cisnes e suas companheiras cisnes dançam no lago. Ela se apaixona pelo príncipe Siegfried, que lhe jura amor incondicional, mas depois acaba sendo infiel à promessa. No ato III, Von Rothbart invoca Odile, o Cisne Negro. Ela encanta o príncipe, que a pede em casamento. Siegfried, então, percebe que quebrou seu juramento com Odette e, no ato IV, corre para a beira do lago a fim de confessar sua infidelidade. O final pode variar; às vezes tem um desfecho feliz e às vezes tem um fim triste. No século XX, uma versão de *O lago dos cisnes* encenada em um único ato condensou a história. Do mesmo modo, dois belos *pas de deux* são encenados como obras distintas: o ato II, o *pas de deux* do Cisne Branco com Siegfried e a Princesa dos Cisnes Odette, e o ato III, o *pas de deux* de Siegfried e Odile, o Cisne Negro.

Ao final do século XIX, o ballet na Rússia tinha se desenvolvido e se consagrado como arte performática em virtude da elevação do nível técnico dos artistas, da genialidade dos coreógrafos e do suporte real fornecido à dança. Enquanto isso, durante os séculos XVIII e XIX nos Estados Unidos, o ballet estava sendo transplantado de suas fontes europeias e criando raízes para se desenvolver no século XX.

O ballet nos Estados Unidos antes de 1900

Desde os tempos coloniais até o fim do século XIX, coreógrafos e bailarinos partiam em turnê ou se mudavam para os Estados Unidos em busca de aventura e, quem sabe, de alguma fortuna. Já no início dos tempos coloniais, as companhias de teatro inglesas viajavam para se apresentar nas maiores cidades da costa leste. Essas companhias de repertório eram pequenos grupos de artistas versáteis que atuavam, cantavam e dançavam, apresentando desde números circenses até serenatas teatrais com interpretações de grandes dramas, óperas e as últimas danças mais populares da Europa. Durante o século XVIII, mestres de dança da França e de outros países europeus fizeram a longa jornada pelo oceano rumo aos Estados Unidos, onde encontraram trabalho nos teatros e nas comunidades e ensinavam dança, música e esgrima em algumas das primeiras universidades.

No início do século XIX, a maioria das cidades a leste do rio Mississippi tinha uma casa de ópera, um teatro ou algum salão destinado à apresentação de números circenses, concertos ou produções teatrais. À medida que as fronteiras dos Estados Unidos se expandiram para o oeste, assim também o fizeram as empreitadas teatrais. Na década de 1840, com a invenção do barco a vapor e a possibilidade de fazer viagens mais longas pelos rios, famílias de artistas teatrais e dançarinos prolongaram suas turnês para o oeste, rumo às cidades que ficavam ao longo dos principais rios da costa leste dos Estados Unidos e por toda a extensão do Mississippi. A estrada de ferro transcontinental de St. Louis até a costa oeste proporcionou outra rota por meio da qual as companhias teatrais podiam se apresentar em diferentes circuitos em cidades e vilarejos por todo o oeste. Na primeira metade do século XIX, um espetáculo teatral noturno era uma mistura de drama e melodrama, ópera, ballet e música. Na segunda metade, apresentações de menestréis, espetáculos musicais, *vaudevilles* e outros programas teatrais divertiam os mais diversos públicos com drama, música e dança.

Dançarinos

Os dançarinos coloniais e os primeiros dançarinos americanos tinham de ser versáteis. Muitos deles tinham feito ballet, mas tinham de se apresentar nos mais variados ambientes, inclusive teatros, casas de ópera, circos, anfiteatros e salões de concerto, explorando uma ampla variedade de formas de entretenimento.

John Durang

Reconhecido por ser o primeiro dançarino americano a ser aclamado pelo público, **John Durang** (1768-1822) atuou em circos e em casas de ópera. Tornou-se famoso por dançar a *hornpipe*, uma dança típica de marinheiros que muitos consideram a precursora do sapateado. Em 1767, interpretou o papel de Sexta-Feira no ballet-pantomima *Robinson Crusoé*. Muito popular na Inglaterra e nos Estados Unidos, um ballet-pantomima conta uma história por meio de mímicas e danças.

Augusta Maywood

Primeira *ballerina* americana, **Augusta Maywood** (1825-1870) estudou e estreou na Filadélfia, mas passou boa parte de sua carreira profissional em Paris, Lisboa e Viena, e se tornou a *prima ballerina* do La Scala, em Milão. Apresentou-se em Nova York na versão americanizada de *La Sylphide*, intitulada *A montanha da sílfide*.

Mary Ann Lee

Primeira *Giselle* americana, **Mary Ann Lee** (1823-1899) estudou na Filadélfia com sua contemporânea, Augusta Maywood. Embora tenha atuado na Europa, Lee e seu parceiro George Washington Smith fundaram uma pequena companhia de ballet com a qual percorreram várias cidades do extremo oeste, como St. Louis.

George Washington Smith

George Washington Smith (1820-1899) teve uma longa carreira como dançarino e mestre de ballet. Na década de 1840, juntou-se ao elenco da turnê americana da companhia de Fanny Elssler. Em 1846, Smith foi o primeiro dançarino americano a fazer o papel de Albrecht em *Giselle*. Já no fim de sua carreira, saiu em turnê pelos Estados Unidos com o ballet italiano Ronzani.

Marie Bonfanti

Nascida na Itália, a *ballerina* **Marie Bonfanti** (1845-1921) dançou em Paris e em Londres antes de estrear como *prima ballerina* em *The Black Crook* em 1866, um sofisticado musical que estreou em Nova York e saiu em turnê nacional. Com o encerramento do espetáculo, Bonfanti regressa a Nova York para estrelar outro espetáculo suntuoso, *The White Fawn*.

Ballet e entretenimento

Nos Estados Unidos, durante os séculos XVIII e XIX, os ballets e as apresentações de dança figuravam no cardápio de entretenimento das apresentações teatrais, das performances operísticas e dos shows de *vaudeville*. Alguns exemplos:

- *An Allegorical Feast in Honor of the Brave Heroes* foi um ballet-pantomima para celebrar os heróis americanos de 1774. Os personagens incluíam Lady Liberty e personalidades americanas como George Washington e Ben Franklin.
- *Le Foret Noire* (1794), produzido a princípio em Paris, foi o primeiro ballet realmente sério apresentado nos Estados Unidos.

Nos ballets do século XIX, era muito comum as mulheres dançarem papéis masculinos ou homens dançarem papéis femininos; eram performances chamadas *en travesti*. Às vezes, as apresentações *en travesti* eram efetuadas como uma novidade, por exemplo, quando um proeminente dançarino, que pesava quase 130 quilos, interpretou o papel feminino em uma atuação cômica de *Le Dieux et la Bayadère*, intitulada *Buy It Dear, 'Tis Made of Cashmere*. Atuar *en travesti* normalmente era necessário por causa da escassez de dançarinos, de modo que as mulheres dançavam os papéis masculinos. Dançarinas trajadas de homens exibiam as pernas envoltas em meias-calças.

Embora na maior parte do século XIX, as mulheres tenham sido simbolizadas como criaturas delicadas, a comparação mais exata seria a mulher amazona. Essas poderosas guerreiras usavam espartilhos apertados, saias curtas e meias-calças. As dançarinas executavam movimentos precisos, sincronizados e em grupo, descrevendo padrões complicados de movimentação, como em *The Black Crook* e em outros musicais extravagantes.

Na última metade do século XIX, o *vaudeville* ofereceu outro local para o ballet. Tony Pastor, um dançarino e apresentador, inaugurou uma casa de ópera em Nova York. Montou um show de variedades com o intuito de torná-lo um entretenimento familiar. Como parte do programa teatral do *vaudeville*, dançarinas e *ballerinas*, a maioria da Europa, encantavam os palcos com seus *corps de ballet*, realizando danças como o can-can, danças tribais e ballets curtos. Com a chegada do novo século, políticas subjacentes e movimentos artísticos começaram a surgir para transformar o ballet.

O ballet no século XX

Na virada do século XX, o ballet clássico produzido pelo Teatro Imperial Russo começou a sofrer mudanças à medida que as novas gerações de dançarinos e coreógrafos assumiam o centro do palco, trazendo inovações e novas diretrizes. Nas primeiras décadas do século, coreógrafos e dançarinos russos ampliaram sua influência ao se apresentarem além da Europa Ocidental, nas Américas e ao redor do globo. Guerras e revoltas políticas estimularam a migração de bailarinos russos para a Europa Ocidental e para os Estados Unidos, onde seu trabalho se tornou as raízes do ballet no século XX. Na Inglaterra, na Europa, nos Estados Unidos e no restante do mundo, as companhias de ballet surgiram da influência desses professores e artistas russos, que abriram caminho para novas gerações de coreógrafos e dançarinos expressarem suas ideias, contarem histórias contemporâneas e experimentarem novos estilos de ballet para o público.

A segunda metade do século explorou ballets narrativos e ballets abstratos. Esses experimentos seguiram novos rumos com o amálgama entre a dança moderna e outras formas de dança com as coreografias de ballet. Uma nova geração de coreógrafos apresentava suas ideias coreográficas pessoais para capturar os estilos contemporâneos e as mensagens dos novos tempos para atrair novas plateias. Em contrapartida, havia companhias e coreógrafos que continuavam encenando alguns dos grandes espetáculos da era romântica e da era clássica para manter viva a herança cultural do ballet. Na última década do século, as companhias de ballet executavam montagens de dança moderna, bem como ballets contemporâneos e seleções do repertório romântico e do clássico.

Era Diaghilev do ballet

Na primeira década do século XX, enquanto os teatros imperiais continuavam a produzir ballets clássicos, **Sergei Diaghilev** (1872-1929), empresário e diretor teatral, teve a ideia de apresentar o melhor do ballet russo nos teatros da Europa Ocidental e dos Estados Unidos. Após uma bem-sucedida mostra de artes e ópera russa em Paris, Diaghilev selecionou uma equipe artística e uma trupe de estrelas entre as fileiras dos teatros imperiais e organizou uma companhia para apresentar uma temporada de ballets russos. A temporada de 1909 em Paris foi o ponto de partida do ambicioso projeto de Diaghilev de deixar o público boquiaberto, despontando como uma força *avant-garde* nas artes em toda a Europa Ocidental, os Estados Unidos e a América do Sul. Diaghilev reuniu artistas de primeira para criar produções de ballet que proporcionavam uma experiência teatral completa por meio do *design* de figurinos e cenários, música contemporânea e exploração de outras formas de arte. Ele incentivou e treinou pessoalmente novos coreógrafos para a criação desses espetáculos inovadores, que se tornariam a base para o desenvolvimento do ballet no mundo inteiro ao longo do século.

Você sabia?

Os ballets de Michel Fokine exemplificavam os cinco princípios da reforma do ballet que ele propôs em uma carta ao *London Times* em 1914 (Kassing 2007, p. 176):

1. Cada dança deveria usar novas formas de movimentos condizentes com seu teor e período.

2. Dança e mímica deveriam ser utilizadas para expressar ações dramáticas.

3. A mímica deveria ser utilizada apenas quando assim exigido pelo estilo do ballet; em outros casos, todo o corpo do dançarino, e não apenas as mãos, deveria ser usado como instrumento de comunicação.

4. Os *corps de ballet* deveriam contribuir com o desenvolvimento do enredo e também servir de recurso expressivo.

5. O ballet reflete a aliança de todas as artes envolvidas em sua montagem: música, cenário, dança e figurino. A música deveria ser uma composição unificada dramaticamente integrada ao roteiro.

As coreografias de Fokine foram o terreno que preparou a elaboração desses cinco princípios. Sua obra foi a transição do classicismo de Petipa para o surgimento do ballet moderno.

Durante toda a sua vida, Sergei Diaghilev foi um empreendedor ambicioso e um visionário que queria levar o ballet russo e o trabalho de novos coreógrafos à Europa Ocidental e às Américas, em apresentações que capturavam a essência das primeiras décadas do século XX.

Michel Fokine

O dançarino russo **Michel Fokine** (1880-1942) treinou na Escola de Ballet Imperial e após a graduação juntou-se ao Ballet Mariinsky. Excelente dançarino e parceiro de *ballerinas* de destaque, juntou-se à companhia Ballets Russos de Diaghilev como intérprete e coreógrafo. Os ballets de Fokine foram fundamentais para o sucesso da companhia de 1909 a 1912. Seus ballets narrativos estabeleceram o ballet como forma dramática com trabalhos como *Firebird e Petrouchka*. Em contrapartida, seu trabalho mais característico, *Les Sylphides*,[1] era um ballet abstrato em estilo romântico.

Anna Pavlova

Treinada na Rússia, **Anna Pavlova** (1881-1931) conquistou o posto de *prima ballerina* no Mariinsky Ballet e dançou na Europa antes de se juntar à primeira temporada do Ballets Russos de Diaghilev. Em 1910, Pavlova se apresentou pela primeira vez nos Estados Unidos e fez parceria com Mikhail Mordkin. No ano seguinte, formou sua própria companhia, com a qual saiu em turnê pelos Estados Unidos e ao redor do mundo para cativar plateias que nunca tinham visto ballet. Seu repertório incluía danças clássicas e danças experimentais, e sua atuação era a inspiração dos dançarinos. Na mentalidade dos espectadores de ballet, seu nome tornou-se sinônimo de *ballerina*.

---

[1] N.C.T.: É importante destacar que o Ballet *Les Sylphides* é diferente do Ballet *La Sylphide*. Apesar de possuírem nomes e temas parecidos, são ballets com músicas, cenário, coreografias e coreógrafos distintos.

Vaslav Nijinsky

Formado pela Escola de Ballet Imperial, **Vaslav Nijinsky** (1890-1950) juntou-se ao Ballets Russos de Diaghilev na temporada de 1909. Seus saltos espantosamente altos impressionaram profundamente as plateias. Após a partida de Fokine, em 1912, Nijinsky assumiu o papel de coreógrafo na companhia. O primeiro ballet criado por Nijinsky foi *L'Après-Midi d'un Faune* (*A tarde de um fauno*), no qual interpretou o papel principal. Mesmo para o sofisticado público parisiense, a coreografia não convencional de Nijinsky, os movimentos e o figurino sugestivo foram escandalizadores. Em 1913, Nijinsky coreografou *Le Sacre du Printemps* (*A sagração da primavera*), que desafiou dançarinos treinados no método clássico a desempenhar novos ritmos e técnicas. Nijinsky prosseguiu a criação de outras obras *avant-garde*. Em 1917, acometido por um distúrbio mental, deixou a companhia e passou o restante de sua vida em uma instituição psiquiátrica. Nijinsky é lembrado como um dançarino fenomenal e um coreógrafo *avant-garde* que criou um novo papel para o dançarino no ballet do século XX.

Os artistas russos de Diaghilev conduziram o ballet a novas direções estilísticas e ganharam cada vez mais plateias durante turnês pelos Estados Unidos, pela América do Sul e pela Europa. A Primeira Guerra Mundial interrompeu a turnê da companhia. Com a Revolução Bolchevique na Rússia, os dançarinos de Diaghilev decidiram se estabelecer na Europa, na Inglaterra, nos Estados Unidos e na América do Sul, onde interpretariam e ensinariam o ballet russo.

Léonide Massine

Léonide Massine (1896-1979) foi um dançarino e coreógrafo que estudou na Escola de Ballet Imperial de Moscou. Juntou-se ao Ballets Russos de Diaghilev em 1913 como dançarino e se tornou o principal coreógrafo da companhia. A montagem *Parade* (1917), na qual colaborou com músicos e artistas contemporâneos, o consagrou como coreógrafo. Nos anos 1930, Massine coreografou na Europa e nos Estados Unidos e se tornou diretor do Ballet Russo de Monte Carlo. Ao longo de sua carreira, coreografou mais de 100 ballets em dois estilos: ballets narrativos com elementos cômicos e ballets abstratos executados para trabalhos sinfônicos.

George Balanchine

George Balanchine (1904-1983), aluno dos Teatros Imperiais Russos e ex-dançarino e coreógrafo do Ballets Russos de Diaghilev, foi para os Estados Unidos no começo dos anos 1930. Lincoln Kirstein, patrono americano, erudito e historiador da dança, convidou-o para dirigir a nova School of American Ballet e para ser o diretor artístico e coreógrafo da companhia, o American Ballet. Após a dissolução da companhia, Balanchine permaneceu nos Estados Unidos e continuou a produzir ballets e coreografias para shows de variedades e musicais até o fim de 1940, quando surgiu o New York City Ballet.

Ao longo da carreira, Balanchine criou mais de 400 ballets e foi chamado de pai do ballet americano. Seu foco eram ballets abstratos de estilo neoclássico. Sua obra-prima, *Apollo* (*Apollon Musagète*), criada em 1926 para o Ballets Russos, direcionou seu foco para os ballets abstratos. *Serenade* (1935) foi seu primeiro trabalho original nos Estados Unidos. Um de seus trabalhos mais representativos, *The Four Temperaments* (1946), revelou um novo estilo americano do século XX, atlético e com linhas limpas e econômicas. Suas coreografias e a direção do New York City Ballet tornaram-se o veículo de seu estilo.

Companhias americanas de ballet

A Segunda Guerra Mundial foi um fator de isolamento para os Estados Unidos. Os dançarinos tornaram-se soldados, e o repertório começou a se desviar dos ballets clássicos russos para os temas de raízes americanas. O espetáculo *Fancy Free*, de Jerome Robbins, um ballet narrativo sobre três marinheiros de saída para uma noitada em Nova York, tornou-se a marca registrada dessa era. Agnes de Mille (1909-1993) criou ballets sobre temas americanos, como *Rodeo*, cuja figura central era uma *cowgirl* em meio a cenas do Oeste. As cenas do ballet exploravam a temática da equitação, do laço e uma arena de dança no sábado à noite. *Rodeo* foi o predecessor do sucesso seguinte de de Mille, que ficou muito tempo em cartaz, o musical *Oklahoma!*

Nas décadas de 1930 e 1940, duas grandes companhias despontaram em Nova York, consolidando-se como a fundação do ballet americano, enquanto outras companhias de ballet surgiram em todo o país.

Ballet Theatre

Durante a década de 1930, um dos parceiros de Pavlova, Mikhail Mordkin, treinou dançarinos e encenou ballets russos em Nova York. Uma de suas alunas, Lucia Chase, da família de banqueiros Chase, em colaboração com Richard Pleasant e Oliver Smith, fundou uma companhia, o Ballet Theatre. Em 1940, o Ballet Theatre estreou sua primeira temporada em Nova York, anunciando-a como a melhor em ballet russo. Com uma estreia ambiciosa, o Ballet Theatre lançou inúmeros coreógrafos internacionais e focou seu trabalho em estilos diversos.

Companhia Ballet Russo

Em 1933, o Ballet Russo estreou em Nova York depois de um lançamento de sucesso em Londres. Léonide Massine, o mestre de ballet da companhia, encenou muitos dos ballets da era Diaghilev enquanto contribuía com ballets originais, alguns baseados em temas americanos. Desde 1930 até a dissolução da companhia em 1962, o Ballet Russo, mesmo com trocas constantes de nome, de administração e de elenco de dançarinos, saiu em turnê pelos Estados Unidos, levando o ballet a diversas cidades e lugarejos e formando um público americano de ballet.

New York City Ballet

Depois que o ballet americano decaiu, Balanchine começou a desenvolver noitadas inteiras de ballet, mas com um novo estilo, o qual se tornou conhecido como neoclassicismo. Os ballets abstratos ou temáticos capturavam o espírito americano de atletismo com um grupo de dançarinos geralmente vestidos com roupas práticas. Como di-

Você sabia?

Em 1959, os dançarinos modernos Martha Graham e Paul Taylor foram convidados pelo New York City Ballet para dançar em *Episodes*, espetáculo que continha passagens de ballet e de dança moderna. *Episodes* desencadeou novas direções no ballet que estava se desenvolvendo.

retor artístico da Ballet Society, que se tornou o New York City Ballet, Balanchine criou ballets que iam desde os espetáculos narrativos até ballets predominantemente abstratos ou temáticos. **Jerome Robbins** (1918-1998), dançarino, coreógrafo e diretor asso-

ciado do New York City Ballet, teve uma carreira dupla: concebeu montagens para o New York City Ballet e sucessos de bilheteria para a Broadway, como *West Side Story* e *Um violinista no telhado*. As contribuições de Robbins ao New York City Ballet proporcionaram ballets contemporâneos que destacaram, complementaram e expandiram a imagem da companhia.

Dançarinos do Dance Theatre of Harlem.

Novas companhias de ballet

Por volta de 1960, o New York City Ballet e o Ballet Theatre saíram em turnê pelos Estados Unidos e começaram a visitar capitais ao redor do mundo. O Ballet Theatre se tornou o American Ballet Theatre (ABT) e continuou apresentando uma ampla gama de obras coreográficas e montagens que iam do repertório romântico ao clássico. Na mesma década, surgiram algumas novas companhias de ballet.

Joffery Ballet

O Joffery Ballet surgiu como um pequeno grupo de dançarinos que saiu em turnê em uma caminhonete usando figurinos emprestados. A companhia se separou do Harkness Ballet, dirigido pela herdeira da companhia de petróleo Standard Oil, Rebecca Harkness. Os ballets criados pelo diretor artístico Robert Joffery e pelo diretor artístico associado Gerald Arpino exploravam novos temas e estilos, como a *pop art* e outras tendências artísticas dos anos 1960. Para aumentar esse ambicioso repertório, Joffery e Arpino foram atrás de coreógrafos do início do século XX e de dançarinos para remontar ballets da primeira metade do século XX.

Dance Theatre of Harlem

Arthur Mitchell (1934-), que foi o primeiro dançarino principal afrodescendente com o New York City Ballet, deixou a companhia para retornar ao Harlem em 1968, quando estrelou alguns dos trabalhos mais significativos de Balanchine, como *Agon*. Um ano depois, Mitchell fundou a Dance Theatre of Harlem, com a qual apresentou obras de Balanchine, clássicos revisitados e coreografias contemporâneas.

Descentralização do ballet nos Estados Unidos

Durante a segunda metade do século XX, companhias de ballet que nasceram em diversas cidades dos Estados Unidos na primeira metade do século ganharam destaque nacional e até mesmo internacional. The San Francisco Ballet, Pennsylvania Ballet, Atlanta Ballet, Houston Ballet, Chicago Ballet, Pacific Northwest Ballet, Miami Ballet, entre outras companhias, apresentavam ballets românticos, clássicos e modernos além do repertório individual contemporâneo de seus diretores e coreógrafos. O crescimento de companhias de ballet em inúmeras cidades além de Nova York proporcionou o surgimento de novos locais para que o público pudesse apreciar o ballet.

Dançarinos

Dançarinos e companhias americanas apresentavam repertórios de montagens clássicas e modernas. Um influxo de estrelas do ballet russo que migravam para o Ocidente trouxe, ainda, outra perspectiva a ser incorporada pelo ballet contemporâneo. A seguir, apenas algumas das inúmeras estrelas que contribuíram para a arte do ballet durante a segunda metade do século XX.

Suzanne Farrell

Nascida em Cincinnati, **Suzanne Farrell** (1945-) se formou na American School of Ballet e aos 16 anos se juntou ao New York City Ballet (NYCB). Seus atributos físicos eram a captura da essência de um dançarino de Balanchine e, consequentemente, ela adquiriu um extenso repertório de obras de Balanchine. Deixou o NYCB para dançar na Europa, mas retornou em 1975 como parceira do diretor artístico Peter Martins.

Gelsey Kirkland

Em 1968, **Gelsey Kirkland** (1952-) se juntou ao NYCB. Ela interpretou muitos papéis de Balanchine e de Robbins. De 1974 a 1984, dançou com o ABT, fazendo par com Mikhail Baryshnikov.

Rudolf Nureyev

Rudolf Nureyev (1938-1993) já era uma estrela na União Soviética quando começou sua carreira no Ocidente durante uma turnê em 1961. Após uma passagem pela Inglaterra e pelos Estados Unidos, dançou e coreografou ou remontou ballets com as principais companhias de ballet e de dança moderna. Em 1983, tornou-se diretor da Ópera Ballet de Paris. Nureyev é considerado um dos mais importantes dançarinos do século XX.

Mikhail Baryshnikov

Formado pelo Leningrad Choreographic Institute (atualmente Vaganova Ballet Academy), **Mikhail Baryshnikov** (1948-) juntou-se ao Kirov Ballet em 1966. Sua virtuosidade técnica sempre lhe garantiu papéis como *premier danseur*. Em 1974, durante uma turnê pelo Canadá com as estrelas da companhia Bolshoi, Baryshnikov saiu da companhia. Mudou-se para os Estados Unidos e se juntou ao American Ballet Theatre. Em 1978, foi para o NYCB e voltou para o ABT em 1980. A atuação de Baryshnikov ultrapassou as fronteiras do ballet clássico e contemporâneo, chegando à dança moderna, ao cinema e à televisão. A virtuosidade de seu desempenho técnico e artístico o transformou em um dos ícones do ballet do século XX.

Natalia Makarova

Formada pela Vaganova Ballet Academy, **Natalia Makarova** (1940-) juntou-se ao Kirov Ballet, onde dançou papéis principais em ballets clássicos. Em 1971, emigrou para os Estados Unidos e juntou-se ao American Ballet Theatre. Sua atuação contemplava ballets clássicos e contemporâneos. Em 1988, fez sua última apresentação com o Ballet Kirov em Londres. Makarova ressuscitou e remontou muitos ballets clássicos e também modernos para companhias ao redor do mundo.

Próxima geração do ballet

A partir da década de 1970, e durante a década de 1980, programas de televisão sobre dança como o *Dance in America*, financiados por patrocinadores como a agência National Endowment for the Arts, ganharam popularidade e tornaram o ballet mais acessível, permitindo que as pessoas pudessem ver espetáculos sem sair de casa. Tal acessibilidade teve um efeito cascata, fazendo aumentar o número de espectadores nos ballets bem como a promoção artística e a instrução em dança.

Na última década do século XX, boa parte dos principais artistas e coreógrafos de ballet já tinha falecido. Além disso, novos tempos financeiros exigiram que as companhias fizessem mudanças para sobreviver. O Joffery Ballet mudou sua sede de Nova York para Chicago. Em meados dos anos 1980, para apoiar as temporadas das principais companhias de ballet metropolitanas, algumas cidades compartilhavam essas temporadas. Novas companhias, bem como novos dançarinos e coreógrafos buscavam se afirmar à medida que assumiam seu lugar no palco. Geralmente, esses artistas mesclavam as linhas entre ballet, dança moderna e outras formas de dança para propor uma interpretação pessoal, um manifesto ou uma visão estética.

Eliot Feld

Eliot Feld (1943-) atuou na Broadway e foi dançarino principal no NYCB e no ABT antes de fundar sua própria companhia. Sua primeira companhia, o American Ballet, surgiu em 1969 e teve vários nomes com o passar do tempo. Os mais de 100 ballets de Feld desde o fim de 1960 são ecléticos, valendo-se da combinação entre música, dança moderna e ballet na composição geral da obra.

Alonzo King

Nativo da Geórgia, **Alonzo King** estudou em Nova York e atuou com o Dance Theatre of Harlem e com artistas de outras companhias de dança antes de estabelecer sua própria companhia em 1982, o Alonzo King LINES Ballet, em São Francisco. King criou ballets contemporâneos interpretados por diversas companhias e também no cinema e na televisão.

Karole Armitage

A coreógrafa americana **Karole Armitage** (1954-) estudou ballet e atuou com o coreógrafo de dança moderna Merce Cunningham. No começo dos anos 1980, continuou mesclando ballet e dança moderna no desenvolvimento de uma nova técnica, apresentada em sua obra *Watteau Duets*. Ao longo da carreira, fez turnês pelos Estados Unidos e pela Europa com sua companhia. Seu trabalho é voltado para a exploração de uma musicalidade intensa em suas criações coreográficas e conta com a colaboração de artistas contemporâneos.

Perspectivas internacionais no século XX

O século XX testemunhou muitas mudanças. Na primeira década, dançarinos de ballet clássico que treinaram na Rússia surpreenderam a Europa Ocidental, depois os Estados Unidos e, por fim, a América do Sul, com suas atuações deslumbrantes. Guerras e mudanças políticas desencadearam a migração de dançarinos e coreógrafos de uma parte do mundo para lugares onde podiam executar e ensinar sua arte. Essa constante fertilização cruzada do ballet, bem como a expansão de estilos coreográficos e a absorção de outras formas de dança enriqueceram o panorama do ballet do século XX.

No fim do século, o ballet já não era mais uma forma de dança exclusiva da Europa Ocidental ou dos Estados Unidos; ele era dançado, coreografado e produzido em todo o mundo. Qualquer pesquisa rápida na internet vai mostrar que há companhias de ballet na América do Sul, na África, na Ásia e na Austrália. Seriam necessários muitos volumes para discorrer sobre o ballet, sua história, suas obras, seus dançarinos e coreógrafos. Portanto, eis uma oportunidade de o aluno explorar o ballet ao redor do mundo e em sua própria comunidade.

Assistindo a apresentações de ballet

Normalmente, faz parte do curso de ballet para iniciantes assistir a vídeos de apresentações ou assistir a espetáculos de ballet ao vivo. A diferença entre o trabalho executado por uma companhia profissional e aquele que é aprendido em uma aula para iniciantes é enorme. Mas também existem semelhanças. Em suas aulas, dançarinos profissionais praticam os mesmos exercícios de barra e de centro que qualquer aluno aprende em uma aula para iniciantes. A diferença reside na complexidade dos exercícios e das sequências.

A gama de companhias de ballet é bem vasta. Dependendo da cidade em que vive, o aluno talvez tenha a oportunidade de assistir a apresentações de companhias regionais, nacionais ou internacionais. Ou pode ser que tenha a chance de ver o trabalho de alguma companhia específica cuja turnê esteja de passagem por sua cidade ou pela cidade vizinha. Em outros casos, a oportunidade de assistir a alguma apresentação de ballet pode surgir por intermédio da temporada anual do ballet da cidade ou da companhia de ballet de alguma universidade.

Ao assistir a apresentações de ballet, os alunos devem ficar atentos ao modo como os dançarinos incorporam o conceito e o estilo do coreógrafo a sua interpretação. Em outras palavras, devem notar como os dançarinos contribuem com a execução do trabalho do coreógrafo por meio de seus estilos pessoais e de sua maestria.

Etiqueta para assistir a espetáculos no teatro

Parte da experiência de se assistir a uma apresentação em um teatro é constituída das dicas de etiqueta a seguir. Se o evento for à tarde em vez de à noite, os protocolos são menos rigorosos, no entanto, alguns deles não mudam, independentemente da hora e do tipo da apresentação.

Antes de a apresentação começar

É preciso se planejar para chegar ao teatro pelo menos 30 minutos antes do início do espetáculo para ter tempo de comprar os ingressos e também aproveitar a atmosfera do ambiente enquanto se procura o lugar na plateia. Às vezes é possível comprar os ingressos com antecedência. Normalmente, há um horário limite para o pagamento e a retirada de ingressos reservados, após o qual a bilheteria tem permissão para liberá-los para venda. Assim, quem tiver de ir ao centro da cidade para assistir a uma apresentação deve se programar para ter tempo suficiente para chegar ao teatro e encontrar um lugar para estacionar, caso vá de carro.

Depois que o espectador já estiver no interior do teatro e já tiver encontrado seu lugar, é hora de curtir a atmosfera de uma apresentação ao vivo. O espetáculo começa quando as luzes diminuem. Se a produção contar com uma orquestra, o regente posiciona-se no fosso e faz uma reverência enquanto o público aplaude, assinalando o início da abertura. Então abrem-se as cortinas, e tem início a magia da apresentação.

Durante a apresentação

Ao longo da apresentação, os dançarinos executam proezas técnicas impressionantes e é possível que algumas pessoas aplaudam. De acordo com as regras tradicionais de etiqueta, o correto é aguardar até o fim do ato ou da cena para aplaudir. Os intervalos são os momentos para sair do lugar e visitar o *lobby*. Um piscar de luzes ou um toque de campainha geralmente é o sinal utilizado para avisar que o intervalo está quase no fim e que é hora de voltar aos lugares da plateia.

Depois da apresentação

Ao fim da apresentação, fecham-se as cortinas e quando elas reabrem o elenco faz uma reverência. Quando o público termina de aplaudir, as luzes do teatro se acendem, sinalizando que está na hora de deixar o recinto.

Existem muitos modos de assistir a um ballet. Naturalmente, apreciar o movimento, a música e a produção como um evento teatral é a principal. Todavia há outros elementos que contribuem para a produção que ajudam o aluno de ballet a desenvolver um olhar mais aguçado sobre a coreografia e o coreógrafo, ampliando a compreensão da montagem do ballet como arte performática.

No ballet, os dançarinos continuam se movimentando pelo espaço e dentro do tempo enquanto a dança se desenvolve diante dos olhos da plateia. Para captar o efeito de um ballet em sua totalidade, é preciso assistir a ele mais de uma vez para entender seu significado e perceber seu impacto. É o que fazemos, por exemplo, ao ouvir repetidas vezes nossa música favorita para compreender a letra. Assim como as outras artes, o ballet é uma experiência multissensorial. Durante uma apresentação de ballet, o movimento geralmente conecta a plateia aos dançarinos e à dança por meio de um sentido cinestésico. Quando o espectador é absorvido pela execução da dança, fica mais fácil mergulhar na observação dos padrões e nas relações de movimentos, contudo há outros fatores além da performance que precisam ser entendidos.

Em geral, quando um aluno de ballet assiste a uma apresentação, seja ao vivo ou em vídeo, tem de escrever um relatório. Vale a pena conferir os pontos que devem ser observados com mais atenção durante o ballet, se já houver um modelo de relatório a ser seguido. Não é recomendável ler o programa do espetáculo ou fazer anotações durante a apresentação. Ao contrário, o principal objetivo é desfrutar da apresentação e ser absorvido pela experiência sensorial. A hora de juntar os fatos, relembrar as impressões e redigir o relatório é ao término do ballet. O ideal é escrever o relatório nas 24 horas após o espetáculo, quando as impressões ainda estão frescas na memória. Ao fazer uma resenha sobre um ballet, é necessário ficar atento a seus mais diversos aspectos.

Compreensão do conceito do coreógrafo

A compreensão de um ballet envolve a busca pela mensagem ou pelo tema em movimento. O coreógrafo é a pessoa que concebe o movimento em relação com a música para criar a dança. Por meio da dança, de gestos e de movimentos, o coreógrafo expressa uma ideia, uma concepção, um tema ou uma história, que é o conceito do coreógrafo. Esse conceito pode ser algo pessoal, uma questão social ou uma declaração universal. O vocabulário do ballet permite ao coreógrafo expressar um conceito valendo-se de uma variedade de estilos que, inclusive, agregam outras formas de dança para sustentá-lo.

O conceito do coreógrafo aliado à criatividade e à habilidade de transmiti-lo por meio do movimento de modo a comover a plateia é o que constitui a essência do ballet. A conexão entre dançarinos e coreógrafos deve ser orgânica em muitos níveis além do movimento. Os dançarinos que recebem as orientações de movimento do coreógrafo são os veículos que irão expressá-lo, portanto eles precisam compreender profundamente o conteúdo, a mensagem e o estilo por meio do qual espera-se que eles executem o movimento para se comunicar com os espectadores na plateia.

A composição varia de pessoas que estão vendo um ballet pela primeira vez a pessoas que já viram muitos espetáculos ao longo dos anos e construíram um repertório mental de montagens de ballet e dos bailarinos que as interpretaram. Um indivíduo com um vasto repertório pode comparar e estabelecer contrastes entre a técnica dos dançarinos e os estilos executados em cada obra.

A aquisição de repertório visual de obras de ballet e das marcas registradas do trabalho de cada coreógrafo acaba se tornando uma segunda natureza para alunos de dança, dançarinos e espectadores. Uma vez que a performance é o veículo para o aprendizado da literatura da dança, alunos, dançarinos e eruditos em dança têm o hábito de frequentar as apresentações para ampliar o repertório visual e os conhecimentos acerca do ballet.

Atuação dos dançarinos (técnica, estilo, performance)

Os dançarinos expressam ideias e emoções por meio de movimentos, gestos, passos e expressões faciais para transmitir o conceito do ballet. A técnica é capaz de expressar estilos variados, do clássico ao moderno, em danças que vão das mais simples às mais complexas. Geralmente, os estilos alinhados ao ballet moderno incluem contribuições variadas de dança moderna ou de outros gêneros de dança e de movimentos para expressar o estilo ou a visão do coreógrafo ou para mesclar linhas diferentes de dança na execução de determinada temática desenvolvida na dança. Seja qual for a técnica ou o estilo, os dançarinos são o foco, uma vez que interpretam a obra. O desempenho deles oferece informações valiosas a respeito da habilidade de atuação do elenco bem como do conceito do coreógrafo, o design coreográfico e a execução ao expressar o tema central ao público.

Elementos da produção

A montagem de um ballet, seja em um teatro ou em outro espaço performático, demanda o suporte de diversos elementos de produção, como figurino, iluminação e cenografia. Estes desempenham uma função secundária à dança, mas são os elementos de produção e design que conferem o apelo visual do espetáculo, pois conseguem ambientar o ballet em um período específico como o romântico, o clássico ou o contemporâneo, além de criar uma atmosfera que envolve a plateia e cativa sua atenção, configurando uma produção completa.

Cenário

O ballet pode ser encenado diante de um cenário ou de um pano de fundo que não usa nenhum elemento visual para que o foco possa se concentrar nos dançarinos e na coreografia, ou o ballet pode ser encenado diante de um magnífico cenário palaciano, uma cena pastoral ou muitos outros panos de fundo pintados ou cenários com esculturas. O cenário define o tempo e o espaço e ajuda a definir a ambientação da dança. Durante o espetáculo, os dançarinos podem interagir ou não com o cenário.

Iluminação

O design de iluminação destaca os dançarinos e o movimento e é mais um elemento a favor do conceito do coreógrafo. A iluminação para dança é projetada especificamente para enriquecer o espaço do palco, representando um espaço, um tempo ou uma atmosfera pensada para corroborar o conceito do coreógrafo.

Figurinos

Os figurinos distinguem os personagens dos dançarinos, o tema ou o conceito do coreógrafo de acordo com a dança e seu estilo. O figurino pode ser elaborado, de época ou roupas de ensaio, similares às usadas nas aulas. No último caso, a falta de figurino concentra o foco nos dançarinos e em seus movimentos.

Música

No ballet, a música complementa ou faz um contraponto ao movimento. Todos esses elementos em um contexto teatral são os construtores de uma experiência multissensorial – um banquete para os olhos e para os ouvidos – de conscientização e envolvimento com o movimento; o público acompanha o movimento ao longo do espetáculo desde o começo até o fim. E, assim como em um filme, ou até mesmo na vida real, uma apresentação de ballet desperta emoções como mistério, suspense, surpresa, medo e alegria.

Distinção entre tipos e estilos de ballet

Desde que surgiu como forma de arte no século XIX, o ballet continua a se pautar em uma história ou enredo dramático. O ballet do século XX incluía ballets abstratos cujo foco era a temática ou o estado de espírito, ballets fundamentados em perspectivas psicológicas ou sociais. Na segunda metade do século XX, o ballet absorveu a dança moderna e outros gêneros de dança a fim de se reinventar para tempos e públicos contemporâneos. No século XXI, o ballet continua a modificar estilos dentro e além da era pós-moderna.

Assistir a um ou mais ballets de cada período ajuda o aluno a perceber o que mudou e o que permaneceu nessa arte performática. Também o ajuda a definir quais são as categorias e os estilos que prefere ou sobre quais gostaria de saber mais. Mas, assim como é preciso experimentar uma comida nova várias vezes ou preparada de jeitos diferentes para determinar se ela é realmente gostosa ou não, o mesmo vale para o ballet. As categorias de ballet incluem os narrativos e os abstratos, e dentro dessa classificação existem inúmeros estilos. Alguns períodos históricos concentram-se mais intensamente em uma categoria ou estilo que em outra(o).

Ballets narrativos

Um ballet narrativo representa a ação dramática de uma história que pode ter sido um conto de fadas, um drama ou um conto folclórico. Os dançarinos interpretam os personagens principais e os secundários da trama por meio da dança e da pantomima. Entre os exemplos de ballets narrativos produzidos atualmente estão:

* *Giselle*, um ballet romântico.
* *O lago dos cisnes*, um ballet clássico.

Muitos ballets narrativos se difundiram pelos séculos XIX e XX.

Ballets abstratos

Embora os ballets abstratos tenham surgido antes do século XX, muitos ballets ao longo do século XX e no começo do século XXI são abstratos. Neles, os dançarinos exploram o conceito do coreógrafo, o que pode incluir temas e emoções subjacentes ou subliminares, verdades universais, questões pessoais, a exploração de determinado estilo ou uma mistura de estilos. Assim como uma pintura abstrata, o ballet abstrato apresenta o ponto de vista artístico particular do coreógrafo. A seguir, alguns exemplos de ballets abstratos do século XX e do XXI.

* *Les Sylphides*.
* *Agon*, ballet neoclássico de George Balanchine.
* *Aurora I*, ballet contemporâneo do século XX de Eliot Feld.
* *Dust and Light*, ballet contemporâneo do século XXI de Alonzo King.

Resumo

As categorias e os estilos de ballet surgem e desaparecem com o tempo, mas a arte do ballet, que surgiu na Renascença, perdura hoje em dia como performance, e a literatura dessa arte reside nas mentes e nos corações de dançarinos e estudantes ao redor do mundo. A história do ballet do século XXI ainda espera para ser escrita.

Na condição de arte performática, o ballet reagiu a mudanças históricas assim como o fizeram as outras artes. Ele evoluiu com as mudanças sociais, econômicas e políticas do passar dos tempos, porém manteve sua identidade como dança e forma de arte ao longo dos séculos. A história é apenas mais um aspecto do aprendizado que pode enriquecer o aproveitamento do ballet como arte performática. Uma aula de ballet para iniciantes pode ser o ponto de partida para o aluno participar de cursos de ballet no futuro, para ler e aprender sobre o ballet como forma de expressão artística ou então para motivá-lo a assistir a espetáculos a fim de se divertir e enriquecer o repertório cultural. Seja qual for o interesse, hoje ou no futuro, o mundo do ballet está de portas abertas para o divertimento, a educação e a exploração de quem quiser.

Glossário

À la quatrième derrière   Posição corporal clássica em que o bailarino fica de frente para o público, *en face*, com a perna de trabalho posicionada atrás.

À la quatrième devant   Posição corporal clássica em que o bailarino fica de frente para o público, *en face*, com a perna de trabalho posicionada à frente.

À la seconde   Posição corporal clássica em que o bailarino fica de frente para o público, *en face*, com a perna de trabalho posicionada lateralmente.

À terre   Sobre o solo; refere-se aos movimentos executados com a perna de trabalho em contato com o chão.

Adágio   Poses e movimentos lentos, sustentados. Em uma sequência em adágio, o bailarino se empenha em executar as posições, as poses e os passos com uma qualidade fluida, sem transmitir força no movimento.

Alinhamento   Boa postura corporal na dança que constantemente integra o corpo como um todo – cabeça, tronco, membros superiores e membros inferiores – durante a execução de um movimento ou na manutenção de uma pose, o que faz do alinhamento um princípio de movimento tanto estático como dinâmico.

Allegro   Passos ligeiros executados com leveza e dinamismo. Os passos *petit allegro* incluem movimentos de pequenos saltos.

Allemande   Primeira dança de uma suíte de quatro partes; deriva de uma dança lenta de casais do século XVI geralmente com compasso 4/4. Os dançarinos se davam uma ou ambas as mãos, e os cavalheiros giravam a dama por debaixo de seu braço.

Aplomb   (aprumo) Perpendicularidade; a habilidade de parecer mover-se verticalmente para cima ou para baixo.[1]

Arabesque   Pose versátil com bastantes variações. O dançarino se equilibra sobre uma perna e estende a perna de trabalho atrás de si.

Arabesque à terre   *Arabesque* com o pé de trabalho esticado em contato com o chão.

Arabesque em fondu   *Arabesque* mesclado; variação da pose do *arabesque*, em que a perna de base fica em *fondu*, ou seja, em *demi-plié* sobre uma perna.

Arabesque sauté (temps levé en arabesque)   *Arabesque* com salto impulsionado por uma perna.

Arbeau, Thoinot (cerca de 1519-1595)   Publicou *Orchesographie* (1588), livro que registrava as danças populares do século XVI.

Armitage, Karole (1954-)   Dançarina norte-americana que estudou ballet e atuou com o coreógrafo de dança moderna Merce Cunningham. No começo dos anos 1980, ela começou a mesclar ballet e dança moderna para desenvolver uma nova técnica, apresentada em sua obra *Watteau Duets*.

Assemblé   Reunido; junto. Começando na terceira ou na quinta posição, um dos pés executa um *dégagé* ou *jeté*, geralmente *à la seconde* enquanto a perna de base desce em um *demi-plié*. O pé de base dá impulso para um salto vertical. Ambas as pernas se reúnem no ar esticadas, terminando o movimento com um *demi-plié* na terceira ou na quinta posição.

---

[1]   N.C.T.: Dá-se o nome de *aplomb* também à elegância e ao total controle do corpo e dos pés ao executar o movimento.

Atitude performática Ato de pensar, agir e se movimentar como um bailarino.

B+ ou B Plus[2] (*attitude derrière pointe tendu à terre*) Sustentando-se sobre um pé, o bailarino dobra o joelho da perna de trás com o pé esticado e a ponta do hálux em contato com o solo. A B+ é uma posição inicial alternativa à quinta.

Balancé (balanço) Passo executado em ritmo de valsa. O *balancé* pode ser executado lenta (em adágio) ou vigorosamente (em *allegro*).

Balanchine, George (1904-1983) Aluno do Teatro Imperial Russo e ex-dançarino e coreógrafo da Companhia dos Ballets Russos de Diaghilev, foi para os Estados Unidos no começo dos anos 1930. Balanchine dirigiu a nova School of American Ballet e foi diretor artístico e coreógrafo do American Ballet Company. Continuou a produzir ballets e coreografias para shows de variedades e musicais até o estabelecimento do New York City Ballet. Criou mais de 400 ballets e foi chamado de pai do ballet americano. Seu foco artístico eram ballets abstratos de estilo neoclássico. Sua obra-prima, *Apollo* (*Apollon Musagète*, 1926), a princípio concentrou-se no estilo neoclássico. *Serenade* (1935) e *The Four Temperaments* (1946) revelaram um novo estilo americano de ballet, atlético e com linhas limpas e econômicas.

Ballerina Dançarina principal, que executa os solos, os duetos ou *pas de deux* e as mímicas das ações dramáticas do ballet.

Ballet Termo originário da palavra italiana *ballare*, significa "dançar"; é um tipo de dança clássica ocidental e uma das artes performáticas.

Ballet d'action Forma de ballet que usava dança e pantomima para apresentar um ballet dramático, unificado. Noverre escreveu sobre os quatro princípios do *ballet d'action* em sua obra *Lettres sur le Danse et le Ballet* (1760).

Ballets clássicos Ballets produzidos no último quarto do século XIX na Rússia que contavam histórias dramáticas ou cheias de fantasias. Os ballets clássicos podiam ter de dois a quatro atos ou mais. Esses longos ballets baseados em contos apresentavam coreografias, mímicas, danças a caráter e *pas de deux*.

Ballets de cour Ballets de corte executados nos séculos XVI e XVII.

Ballets românticos Histórias de ação dramática contadas em dois atos por meio da dança, da música e da pantomima. A era do ballet romântico começou nos anos 1830 e durou poucos anos apenas, mas seu estilo e sua influência se estenderam por todo o século XIX.

Barra Série de exercícios para aquecer e fortalecer o corpo, como preparação para a parte central da aula. A barra é uma trave de madeira ou metal fixada nas paredes da sala de dança ou pode ter uma estrutura independente e portátil para ser posicionada no meio da sala.

Baryshnikov, Mikhail (1948-) Formado pelo Leningrad Choreographic Institute (atualmente Vaganova Ballet Academy). Juntou-se ao Kirov Ballet em 1966. Em 1974, durante uma turnê pelo Canadá com as estrelas da companhia Bolshoi, Baryshnikov desertou seu país. Mudou-se para os Estados Unidos e atuou com o American Ballet Theatre e o New York City Ballet. Sua atuação ultrapassou as fronteiras do ballet clássico e do contemporâneo, chegando à dança moderna, ao cinema e à televisão. A virtuosidade de seu desempenho técnico e artístico o transformou em um dos ícones do ballet do século XX.

Basse danse (dança baixa) Dança da corte dos séculos XV e XVI que continha passos curtos e deslizantes para se mover pelo espaço.

Battement dégagé en cloche Batimentos soltos enquanto a perna balança tal qual o pêndulo de um sino.

Battement dégagé ou jeté Batimentos que saem do chão como se tivessem sido desengatilhados (*dégagé*) [método Cecchetti] ou jogados (*jeté*) [método russo].

Battement développé Movimento que a perna executa ao se desdobrar.

Battement frappé Batimentos golpeados.

Battement tendu Batimento esticado.

Battement tendu com demi-plié Batimento estendido com os joelhos medianamente flexionados.

---

[2] N.C.T.: Termo criado por George Balanchine.

Battement tendu en promenade   Série de *battements tendus à la seconde* executados com alternância de pés, encerrando na posição inicial. O *en promenade* refere-se à caminhada para a frente ou para trás.

Battement tendu jeté pointe   Ver *Petit battement piqué*.

Battement tendu relevé   Batimentos estendidos e elevados.

Battements   Exercício em que o pé faz um batimento bem rápido, saindo de uma posição em que está inteiramente apoiado no chão para uma posição com a ponta do pé em contato com o chão. No movimento de retorno, antes de voltar à posição com o pé inteiro apoiado no chão, os dedos e o antepé pressionam o solo com resistência, passando pela meia-ponta.

Beauchamps, Pierre (1636-1705)   Dançarino que serviu ao rei Luís XIV como mestre de dança ou *maître* de ballet. A Beauchamps coube o crédito de definir as cinco posições de pés, uma das bases do ballet clássico.

Bonfanti, Marie (1845-1921)   *Ballerina* nascida na Itália que dançou em Paris e em Londres antes de estrear como *prima ballerina* em *The Black Crook* em 1866, um sofisticado musical que estreou em Nova York.

Bournonville, August (1805-1879)   Dançarino, coreógrafo e diretor dinamarquês pertencente a uma segunda geração de dançarinos. Estudou no Royal Danish Ballet e também em Paris, onde fez par com Taglioni. Apresentou-se em várias capitais europeias antes de regressar à Dinamarca. Como diretor do Royal Danish Ballet, Bournonville encenou, coreografou e produziu ballets românticos para o repertório da companhia, ainda que a era romântica já tivesse chegado ao fim.

Camargo, Marie (1710-1770)   Extraordinária dançarina conhecida por seu estilo ágil de trabalho de pé, pequenos saltos e *batteries*. Encurtou a própria saia para cima dos tornozelos para poder mostrar seus passos de bateria. Para facilitar seu impressionante trabalho de pé, descartou os sapatos de salto trocando-os por sapatilhas planas.

Caminhadas   Um modo articulado de caminhar no ballet, em que os pés ficam *en dehors* (em rotação para fora) e o passo começa pelos dedos até chegar ao calcanhar.

Cecchetti, Enrico (1850-1928)   Dançarino italiano, mímico e professor cuja carreira é largamente associada ao ballet russo. Sua carreira no ensino vai desde Petipa no século XX até Diaghilev. Cecchetti é mais conhecido como o professor das estrelas do ballet russo e autor de um método de ballet progressivo.

Centro   Parte da aula de ballet na qual os alunos aprendem e executam passos, posições, poses e sequências a fim de adquirirem um vocabulário de movimentos do ballet.

Cerrito, Fanny (1817-1909)   Dançarina italiana que se tornou uma estrela nos palcos de Londres. Como pupila e parceira de Perrot, interpretou muitos de seus ballets durante e após a era romântica. Sua técnica brilhante foi enaltecida em toda a Europa e na Rússia.

Chaînés   Viradas encadeadas como em uma corrente.

Changement   Troca de pés; refere-se ao salto em que o bailarino começa na terceira ou na quinta posição e salta no ar com as pernas estendidas na primeira posição e, na descida, troca a perna que está na frente na terceira ou na quinta posição.

Chassé à la seconde (galope à la seconde)   Passo de fuga para a segunda. Esse versátil passo pode ser executado em várias direções, como o *chassé en avant*.

Chassé en avant (galope en avant)   Passo de fuga para a frente. A parte de encerramento do passo vem do rápido empurrão que a perna de trás dá para impulsionar o movimento aéreo.

Contradança   Alegre dança de casais, especialmente popular na segunda metade do século XVIII. Dispostos os casais em duas fileiras, de frente uns para os outros, um casal liderava os demais em uma série de passos e poses e então passava a liderança a outro casal.

Contrapeso   Movimento em que o tronco se inclina em posição ascendente, alongando-se em um ângulo ligeiramente projetado para a frente.

Coreógrafo   Termo derivado do grego que significa "escritor"; o criador do trabalho de dança. No século XVIII, o termo substituiu termos anteriores, como *supervisor de dança* ou *organizador*.

Corps de ballet   Literalmente, corpos de baile. Um grande grupo de bailarinos, que dançava as coreografias em grupo como entretenimento, para estabelecer a atmosfera do espetáculo ou apresentar os interlúdios.

Coupé   Ação que significa cortar; envolve movimento; às vezes referido como um *retiré baixo* (*cou-de-pied*).

Coupé devant e derrière   Passo cortado na frente e atrás. O bailarino começa na terceira ou na quinta posição, faz *demi-plié* e então salta, de modo que ambas as pernas fiquem completamente estendidas. Nisso deve aterrissar com o pé da frente ou o pé de trás em contato com o meio da parte inferior da perna. No *coupé devant*, a lateral do dedo mínimo fica em contato com a parte dianteira da perna. No *coupé derrière*, o calcanhar do pé de trabalho toca a parte posterior da perna de base.

Courante   Segunda dança de uma suíte de quatro partes. Era uma dança, geralmente, de compasso 3/4 na qual os dançarinos executavam passos corridos ou saltados.

Croisé derrière   Cruzado atrás. Nessa posição corporal clássica, o corpo é virado para um dos cantos do proscênio, e a perna de trabalho, que está do lado do fundo do palco, é estendida para trás na direção oposta ao canto do proscênio. A posição dos braços e da cabeça depende da escola ou do método adotado.

Croisé devant   Cruzado na frente. Nessa posição corporal clássica, o corpo é virado para um dos cantos do proscênio, e a perna que está mais próxima do proscênio é cruzada na frente na perna de base. A posição dos braços e da cabeça depende da escola ou do método adotado.

Danças a caráter   No século XIX, mistura de danças populares com técnica de ballet para representar de modo estilizado danças de culturas diversas.

Demi-plié   Movimento em que os joelhos são medianamente flexionados.

Demi-seconde (metade da segunda posição)   Os braços se alongam na metade da altura entre a segunda e a quinta posições *en bas* (posição preparatória/*bras bas*).

Derrière   Atrás.

Devant   Frente.

Diaghilev, Sergei (1872-1929)   Empresário e diretor teatral russo, criador da companhia Ballets Russos que saiu em turnê pela Europa, América do Norte e do Sul, levando o ballet do início do século XX a novos públicos.

Direções do palco   Dizem respeito ao posicionamento do bailarino no palco diante do público. Essas áreas do palco incluem o proscênio, perto da plateia, o fundo do palco, afastado do público, a lateral direita à direita e a lateral esquerda à esquerda do bailarino.

Direções do palco para os dançarinos   Dizem respeito às paredes e aos cantos do espaço de dança, que pode ser a sala de dança ou outro espaço de performance, como um palco. O método russo e o método Cecchetti usam sistemas diferentes para numerar as direções do palco.

Diretor   Profissional que encena um espetáculo de dança.

Distribuição de peso   Divisão do peso do corpo sobre um ou sobre os dois pés.

Durang, John (1768-1822)   Primeiro dançarino norte-americano a ser aclamado pelo público em circos e em casas de ópera. Tornou-se famoso por dançar a *hornpipe*.[3] Em 1767, interpretou o papel de Sexta-Feira no ballet-pantomima *Robinson Crusoé*.

Écarté devant   Separado, afastado à frente. Nessa posição corporal clássica, o corpo é virado para um dos cantos do proscênio, e a perna de trabalho é estendida para o outro canto do proscênio. O braço que está mais próximo do proscênio deve ficar acima da cabeça; o outro braço, que está do lado do fundo do palco, fica na segunda posição.

Échappé sauté   Salto escapado. Começando na primeira, na terceira ou na quinta posição, o bailarino salta verticalmente, e no ar afasta as pernas na segunda posição antes de aterrissar em *demi-plié*. Sal-

---

[3] N.C.T.: Uma dança típica de marinheiros que muitos consideram a precursora do sapateado.

tando na segunda posição, o aluno fecha as pernas na primeira, na terceira ou na quinta posição, podendo trocar ou não a perna que fica na frente antes de aterrissar em *demi-plié*.

Effacé devant   Aberto na frente. Nessa posição corporal clássica, o corpo é virado para um dos cantos do proscênio, e a perna de trabalho que está mais distante do proscênio é estendida de frente para o mesmo canto. A posição dos braços e da cabeça depende da escola ou do método adotado.

Elevação   Ver *Força de sustentação*.

Elssler, Fanny (1810-1884)   Treinada em Viena, apresentou-se por toda a Europa antes de estrear na Ópera de Paris em 1834 já estabelecida como estrela. Em 1836, apresentou um solo de uma dança espanhola a caráter, *La Cachuca*, que demonstrou seu temperamento ardoroso e movimentos densos, os quais se tornaram sua interpretação mais emblemática. Elssler era excelente atriz e uma dançarina versátil com uma técnica de ballet sólida e brilhante que lhe permitia dançar nas pontas. Em 1839, tornou-se a principal *ballerina* da Ópera de Paris, rivalizando com Marie Taglioni. No ano seguinte, embarcou em uma turnê de dois anos pelos Estados Unidos, o que a fez quebrar seu contrato com a Ópera. Quando retornou à Europa, dançou em Londres e na Rússia e, por fim, aposentou-se em Viena.

En arrière   Para trás.

En avant   Para a frente.

En croix   Em forma de cruz.

En dehors   Característica marcante da técnica de ballet, na qual as pernas são giradas lateralmente desde a articulação do quadril.

En face   Posicionar-se com o corpo completamente virado para a frente diante da plateia ou para a frente da sala de dança.

En l'air   No ar; refere-se à posição do pé de trabalho.

Épaulé   "Jogo" de ombros. Nessa posição corporal clássica, o corpo fica virado para um dos cantos do proscênio. A perna de trabalho é a que fica mais próxima do proscênio e é estendida para trás em oposição ao canto do proscênio. O braço que está mais próximo do proscênio é esticado para a frente até a altura dos olhos; o braço que está do lado do fundo do palco deve ser estendido para trás. A parte superior do tronco é torcida, permitindo que os braços criem uma linha diagonal completa. Ergue-se a cabeça, que é levemente inclinada para fora. Os olhos devem voltar-se para a ponta dos dedos da mão que está adiante.

Equilíbrio (*balance*)   Princípio empregado para ajustar continuamente o alinhamento das partes do corpo em relação umas às outras em uma pose ou durante um movimento.

Espaço pessoal   Espaço que acomoda os membros superiores e os inferiores e as extensões corporais sem invadir o espaço dos demais colegas, seja em pé, posicionado em algum lugar ou durante alguma movimentação.

Exercício de meia-ponta   Exercício em que o pé se eleva da posição em que está inteiramente apoiado no chão até uma posição em meia-ponta alta, mantendo os dedos e os metatarsais no solo. No movimento de retorno, o pé oferece resistência à medida que retorna à posição em que fica completamente apoiado no chão.

Exercícios de barra no centro   Também conhecidos como *barra no centro*, trata-se da execução, no centro, de um ou mais exercícios aprendidos junto à barra.

Exercícios para subir na ponta   Exercício cuja ação começa com uma rápida elevação que se desencadeia a partir do tornozelo e vai se desenvolvendo por todo o pé. A extremidade dos dedos do pé esticado ficam em contato com o chão. No movimento de retorno, antes de voltar à posição com o pé inteiro apoiado no chão, os dedos e o antepé pressionam o solo com resistência, fazendo uma meia-ponta alta.

Exercícios pré-barra   Exercícios de aquecimento para o corpo que aumentam a flexibilidade da articulação e ajudam o dançarino a desenvolver a concentração e a respirar para os exercícios na barra que virão em seguida.

Farrell, Suzanne (1945-)   Nascida em Cincinnati, formou-se na American School of Ballet. Aos 16 anos se juntou ao New York City Ballet. Seus atributos físicos eram a captura da essência de um dançarino de Balanchine e, consequentemente, Suzanne adquiriu um extenso repertório de obras de Balanchine.

Feld, Eliot (1943-) Atuou na Broadway e foi bailarino principal no New York City Ballet e no American Ballet Theatre antes de fundar sua própria companhia, o American Ballet Company, em 1969. Os mais de 100 ballets de Feld desde o fim de 1960 são ecléticos, valendo-se da combinação entre música, dança moderna e ballet na composição geral da obra.

Feuillet, Raoul Auger (cerca de 1675-1730) Publicou *Chorégraphie*, um manual de autoinstrução que descrevia as danças do período usando símbolos para notar os padrões dos passos no chão e na música.

Flex Ver *Flexão de pé*.

Flexão de pé Também chamada de *flex*, é o movimento oposto à ponta de pé. A flexão começa na articulação do tornozelo com o movimento de empurrar para a frente feito pelo calcanhar.

Fokine, Michel (1880-1942) Dançarino russo e coreógrafo, juntou-se ao Ballets Russos de Diaghilev. Os ballets de Fokine foram fundamentais para o sucesso da companhia de 1909 a 1912. Seus ballets narrativos, como *Firebird e Petrouchka*, estabeleceram o ballet como forma dramática. Em contrapartida, seu trabalho mais característico, *Les Sylphides*, era um ballet abstrato em estilo romântico.

Fontaine, Mademoiselle de La (1655-1738) Primeira dançarina profissional, estreou em 1681 no ballet *Le Triomphe de l'Amour*, apresentando-se com sapatos de salto alto e um vestido de corte que ia até o chão.

Força de resistência Força oposta, que impede o corpo de ceder à gravidade.

Força de sustentação Alongamento das pernas para cima, no sentido oposto ao do chão, mobilizando os músculos abdominais e se estendendo ao longo do comprimento do tronco, entre o quadril e as costelas. Também conhecida como *elevação*.

Galharda Vigorosa dança de casais com saltos e elevações dos pés; é a segunda dança em uma suíte de duas partes.

Giga Dança popular dos séculos XVI e XVII de triplo tempo cuja característica são movimentos rápidos de pé que podem ser executados em várias versões. É a dança final de uma suíte de quatro partes.

Glissade Passo deslizante que pode ser executado com ou sem mudança de pés para o lado, em sua forma básica.

Grahn, Lucile (1819-1907) Interpretou o papel-título em *La Sylphide* na Dinamarca antes de dançar na Ópera de Paris, em outras capitais europeias e na Rússia. De volta à Dinamarca, ficou conhecida como a "Taglioni dinamarquesa".

Grand allegro Passos executados no centro com movimentações mais amplas pelo espaço; eles incluem saltos amplos, que variam e podem tomar impulso com um pé ou com os dois e cuja aterrissagem pode ser feita com os dois pés ou com apenas um.

Grand battement Batimento amplo ou ação aérea de elevações dos pés.

Grand jeté Grande salto. Salto amplo em que o bailarino dá impulso com uma perna e aterrissa com a outra, descrevendo uma trajetória curva.

Grand pas de deux Interpretado pela *ballerina* e pelo *premier danseur*. Trata-se da coreografia que mostra a técnica e a maestria de cada dançarino nos papéis principais no ballet.

Grand plié Grande flexão dos joelhos.

Grisi, Carlotta (1819-1899) Dançarina italiana. Dançou o papel principal no ballet *Giselle*, criado por Jean Coralli e Jules Perrot, com roteiro escrito por Théophile Gautier. Grisi se tornou uma das mais proeminentes *ballerinas* da era romântica nas capitais europeias e na Rússia. Muitos acreditam que ela foi a primeira *ballerina* a usar uma sapatilha com box, o que lhe permitiu dançar em ponta.

Haute danse **(dança alta)** Dança da corte dos séculos XV e XVI que apresentava corridas, saltos e movimentos de elevações dos pés.

Hiperextensão Condição que se desenvolve porque, à medida que os joelhos são pressionados para trás, seus ligamentos posteriores se alongam permanentemente.

Ivanov, Lev (1834-1901) Dançarino e coreógrafo russo do Teatro Mariinsky. Ivanov coreografou *O quebra-nozes*, mas seu legado é o segundo e o quarto atos de *O lago dos cisnes*.

Jeté derrière (jeté ordinaire derrière)   Jogado. Salto em que o pé de trás, inteiramente apoiado no chão, é arrastado *à la seconde* e o corpo é impulsionado para cima, para um movimento aéreo. Ambas as pernas se estendem, formando uma segunda posição pequenina antes de descer, e a aterrissagem deve ser feita com o pé da frente em *demi-plié* e o pé de trás em *coupé derrière*.

Joelho valgo   Condição em que a parte interior dos joelhos se curva para dentro e eles se tocam quando o bailarino fica em pé com os pés paralelos ou na primeira posição. O nome científico é *genu valgum*.

Joelho varo   Espaço existente entre os joelhos quando o bailarino está de pé com a parte interior dos pés unida.

King, Alonzo   Nativo da Geórgia, estudou em Nova York e atuou com o Dance Theatre of Harlem e com artistas de outras companhias de dança antes de estabelecer sua própria companhia, LINES, em São Francisco em 1982. King criou ballets contemporâneos interpretados por diversas companhias e também no cinema e na televisão.

Kirkland, Gelsey (1952-)   *Ballerina*. Interpretou muitos papéis de Balanchine e de Robbins. De 1974 a 1984, dançou com o American Ballet Theatre, fazendo par com Mikhail Baryshnikov.

Le Ballet-Comique de la Reine   Montagem produzida na corte francesa em 1581 e que é considerada o primeiro ballet.

Lee, Mary Ann (1823-1899)   Primeira *Giselle* norte-americana. Estudou na Filadélfia com Augusta Maywood. Lee atuou na Europa e, depois, com seu parceiro, George Washington Smith, fundou uma pequena companhia de ballet com a qual percorreu várias cidades do extremo oeste, como St. Louis.

Legnani, Pierina (1863-1923)   Dançarina italiana que atuou no Teatro Mariinsky. No papel da Rainha dos Cisnes, executou 32 *fouettés en tournant* (piruetas contínuas chicoteadas). Suas proezas técnicas fizeram dela uma inspiração para os dançarinos russos, e seu trabalho criou um novo padrão para a *ballerina* da era clássica.

Linha mediana   Linha vertical que desce pela frente do corpo e o divide em duas metades.

Luís XIV (1638-1715)   Rei da França. Foi dançarino, produtor de mais de 1000 ballets e patrono das artes.

Lully, Jean Baptiste (1632-1687)   Músico e compositor italiano. Era o supervisor dos ballets de Luís XIV.

Maestria   Habilidade artística que o dançarino desenvolve no tocante a expressar o movimento de ballet com graça, fluidez, estilo e atitude performática.

Makarova, Natalia (1940-)   Formada pela Vaganova Ballet Academy, juntou-se ao Kirov Ballet, onde dançou papéis principais em ballets clássicos. Em 1971, emigrou para os Estados Unidos e juntou-se ao American Ballet Theatre. Sua atuação contemplava ballets clássicos e contemporâneos. Makarova ressuscitou e remontou muitos ballets clássicos e também modernos para companhias ao redor do mundo.

Marcação   Realização de pequenos movimentos para indicar o movimento de braços e de pernas em um exercício ou sequência.

Massine, Léonide (1896-1979)   Dançarino e coreógrafo. Estudou na Escola de Ballet Imperial de Moscou e se juntou ao Ballets Russos de Diaghilev em 1913. Tornou-se o principal coreógrafo da companhia. A montagem *Parade* (1917) o consagrou como coreógrafo. Nos anos 1930, Massine se tornou diretor do Ballet Russo de Monte Carlo. Ao longo de sua carreira, coreografou mais de 100 ballets em dois estilos: ballets narrativos com elementos cômicos e ballets abstratos executados para trabalhos sinfônicos.

Maywood, Augusta (1825-1870)   Primeira *ballerina* americana. Estreou na Filadélfia, mas passou boa parte de sua carreira profissional na Europa, onde se tornou a *prima ballerina* do La Scala, em Milão. Apresentou-se em Nova York na versão americanizada de *La Sylphide*, intitulada *A montanha da sílfide*.

Minueto   Complicada dança de casais que exibia a elegância de movimentos e de modos exigidos pela sociedade nos salões de baile no século XVIII.

Mitchell, Arthur (1934-)   Primeiro dançarino principal afrodescendente do New York City Ballet. Deixou a companhia para retornar ao Harlem em 1968. Mitchell estrelou alguns dos trabalhos mais significativos de Balanchine, como *Agon*. Em 1969, Mitchell fundou a Dance Theatre of Harlem, com a qual apresentou obras de Balanchine, coreografias contemporâneas e remontou clássicos.

Musicalidade   Compreensão da música; na dança, ela se reflete no modo como os movimentos são executados em relação com a música.

Nijinsky, Vaslav (1890-1950)   Formado pela Escola de Ballet Imperial, juntou-se ao Ballets Russos de Diaghilev como dançarino e tornou-se coreógrafo na companhia após a partida de Fokine, em 1912. Nijinsky montou *L'après-midi d'un faune* (*A tarde de um fauno*) em 1912, *Le Sacre du Printemps* (*A sagração da primavera*) em 1913 e outras obras *avant-garde*. Em 1917, acometido por um distúrbio mental, deixou a companhia. Passou o restante da vida em uma instituição psiquiátrica.

Noverre, Jean Georges (1727-1810)   Mestre de ballet na Ópera de Paris e coreógrafo prolífico. Recebeu o crédito pela criação de mais de 150 ballets. Sua contribuição mais duradoura foi *Lettres sur la Danse et sur les Ballets* (1760), que ele escreveu para distinguir o ballet como uma forma de arte separada da ópera e em que estabelece quatro princípios como a fundação do *ballet d'action*.

Nureyev, Rudolf (1938-1993)   Estrela da União Soviética com o Kirov Ballet. Sua carreira no Ocidente começou quando emigrou para os Estados Unidos durante uma turnê em 1961. No país, dançou e coreografou ou remontou ballets com as principais companhias de ballet e de dança moderna. Em 1983, tornou-se diretor da Ópera Ballet de Paris. Nureyev é considerado um dos mais importantes dançarinos do século XX.

Óperas-ballets   Apresentações temáticas do século XVIII que se prolongavam noite adentro e continham cenas de ópera e de dança.

Palavras de ação   Palavras que descrevem as ações do corpo (movimentos de pernas, braços e cabeça na execução de uma sequência) durante um exercício, passo ou pose.

Palco oblíquo   Palco inclinado, popular no século XVIII. Nesse tipo de palco, o fundo era mais elevado e a parte da frente, próxima do público, era mais baixa.

Pas de basque   Passo basco. Esse passo geralmente é ensinado em adágio, com um estilo suave e deslizante. Posteriormente, pode-se executá-lo com saltos pequeninos ao estilo do *petit allegro*.

Pas de bourrée   O *pas de bourrée* tem o mesmo nome de uma dança histórica apresentada no período barroco.

Pas de chat   Passo do gato. O aluno começa em *demi-plié* na terceira ou na quinta posição; a perna de trás é levantada para fazer *retiré derrière*, enquanto a da frente é empurrada para o ar. A perna dianteira é levantada para fazer um *retiré devant* durante a fase aérea, e então ambos os pés aterrissam sequencialmente em *demi-plié* na terceira ou na quinta posição.

Pas de deux   Dança a dois; é um desafio à técnica, à virtuosidade e ao estilo dos dançarinos principais. O ponto alto do ballet clássico é o *grand pas de deux* dançado pela *ballerina* e pelo *premier danseur*.

Passé   Passado; o *passé* aprendido na barra geralmente é executado em séries de movimentos *en arrière* (para trás) ou *en avant* (para a frente).

Pavane   Dança processional lenta e imponente em compasso de 4/4; é a primeira dança em uma suíte de duas partes.

Pavlova, Anna (1881-1931)   Dançarina russa e *prima ballerina* no Mariinsky Ballet. Dançou na Europa e teve uma breve participação na primeira temporada do Ballets Russos de Diaghilev. Em 1911, formou sua própria companhia, com a qual saiu em turnê mundial para cativar plateias que nunca tinham visto ballet antes. Seu repertório incluía danças clássicas e danças experimentais.

Pé de base   Pé que sustenta o peso do corpo.

Pé de trabalho   Pé que fica com a ponta esticada em diversas direções no solo, no ar ou apoiado sobre a perna de base.

Perpendicularidade   Ombros e quadril estão paralelos e nivelados no mesmo plano. Ao usar o princípio da perpendicularidade, o dançarino pode focar no movimento e na direção das pernas ou nos movimentos de todo o corpo em relação ao espaço de dança.

Perrot, Jules (1810-1892)   Dançarino francês que estudou com August Vestris. Dançou como solista em Londres antes de retornar à Ópera de Paris como parceiro de Marie Taglioni. Tornou-se então professor e par de Carlotta Grisi. Perrot é considerado o maior dançarino da era romântica. Como coreógrafo e mestre de ballet em Londres, aplicou as teorias de Jean-Georges Noverre em seus ballets românticos. Em compensação, seu espetáculo *Pas de Quatre* era um ballet que apresentava as quatro *ballerinas* românticas do período e seus respectivos estilos de dança. Nos anos 1850, Perrot tornou-se o mestre de ballet do Teatro Imperial de São Petersburgo, onde remontou seus ballets e criou novas obras.

Petipa, Marius (1819-1910)   Dançarino francês, coreógrafo e arquiteto de ballets clássicos na Rússia. Petipa criou mais de 50 ballets durante sua carreira no Teatro Imperial. Alguns de seus trabalhos clássicos perduraram, tais como *A bela adormecida* (1890), o *pas de deux* de *Dom Quixote* (1869) e *O lago dos cisnes* (com Lev Ivanov, 1895). Suas extravagantes produções eram longas e se estendiam noite adentro apresentando ballet, pantomimas e danças a caráter.

Petit allegro   Os passos pequenos e ligeiros dessa categoria se valem de saltos que dão impulso com um pé e aterrissam com o mesmo pé ou com os dois pés; de saltos que dão impulso com os dois pés e aterrissam com um ou com os dois pés e de saltos que transferem o peso de um pé para o outro.

Petit battement piqué   Também chamado de *battement tendu jeté pointe*; pequeno batimento picado (mergulhado).

Petit battement sur le cou-de-pied   Pequenos batimentos com o dorso do pé no tornozelo.

Piqué en avant   Passo picado para a frente. A perna de trabalho começa em *pointe tendu devant*. Conforme a perna de base executa um *demi-plié*, a perna de trabalho é levantada à altura de um *battement dégagé*. A perna de trás empurra rapidamente o peso sobre o pé da frente fazendo uma meia-ponta alta. Na meia-ponta alta, o calcanhar traseiro deve ficar em contato com a parte posterior do joelho, e, em seguida, o pé de trás já passa para um *demi-plié* diretamente atrás do pé da frente, liberando a perna dianteira em um *battement dégagé*.

Pointe tendu   Ponta esticada.

Ponta   Posição característica do pé no ballet. Começa no tornozelo, para esticar e erguer o arco, formando a ponta em toda a extensão do pé, desde o calcanhar até a parte de baixo, inclusive os metatarsais e os dedos.

Port de bras   Movimento dos braços; usa o braço e a mão como uma unidade para se movimentar pelas posições. O *port de bras* pode ser simplesmente o movimento dos braços por meio de uma posição durante a execução de um exercício. Antes do início de cada exercício e de cada sequência, os dançarinos executam o *port de bras*, que serve de introdução à prática.

Port de corps (cambré)   Movimento do corpo; como parte da técnica de barra, o termo se refere à flexão do tronco para a frente, para a lateral ou para trás.

Posição com pé ativo   Posição na qual o bailarino se equilibra sobre um pé que sustenta o peso do corpo enquanto o outro pé assume as mais diversas posições, seja no solo, no ar ou em contato com a perna de base.

Posição preparatória   Posição inicial para o *port de bras* em que os braços ficam abaixados; similar à quinta posição *en bas (bras bas)*. Os braços ficam alongados para baixo e ligeiramente arredondados na frente do corpo. Deve haver um espaço entre as mãos, e as laterais dos dedos mínimos não tocam o corpo.

Posições clássicas do corpo   Oito posições básicas que podem ser executadas em conjunto como uma sequência, por si só ou que podem ser incorporadas às sequências de outros passos.

Postura   Modo como o bailarino se posiciona; o peso sobre os dois pés deve ser igualmente distribuído sobre o triângulo do pé.

Premier danseur   Dançarino principal que executa os solos, os duetos, ou *pas de deux*, e interpreta as ações dramáticas do ballet.

PRICE (método PRICE)   Proteção, repouso, gelo, compressão, elevação (e diagnóstico); método que ajuda na recuperação de lesões leves.

Primeira posição (braços)   Os braços se alongam na frente do corpo, paralelos à cintura. As pontas dos dedos ficam levemente separadas.

Primeira posição (pés)   Os calcanhares dos pés se tocam, e ambas as pernas estão igualmente em rotação para fora (*en dehors*).

Primeiro *arabesque* (Cecchetti)   Posição em que o corpo fica de perfil para a plateia. A perna de base deve ser a que está do lado do fundo do palco. O braço da frente é o que fica do mesmo lado da perna de base; o outro braço é aberto na lateral ou é levemente projetado para trás. Os olhos devem se voltar fixamente para a frente.

Primeiro *arabesque* (russo)   O tronco e o ombro que está mais próximo do proscênio voltam-se para a plateia em um movimento que começa na parte inferior do esterno. O braço posicionado na frente do corpo é alinhado à altura do ombro, enquanto o braço que está voltado para o proscênio é aberto na segunda posição, podendo ser ligeiramente projetado para trás.

Primeiro *port de bras*   Posição que começa com os braços na quinta posição *en bas* ou na posição preparatória (*bras bas*). Ambos os braços são elevados até a primeira posição e então são abertos na segunda posição. Giram-se os braços, elevando-se ligeiramente os cotovelos antes de estes descerem em um movimento fluido de volta à posição inicial.

Princípio da sobrecarga   O corpo precisa de uma tensão ou carga maior que o(a) normal para tornar-se mais forte. Depois de algum tempo, ele se acostuma a um determinado nível de tensão e é preciso sobrecarregá-lo para garantir melhorias no futuro.

Princípio FITT   Acrônimo para frequência, intensidade, tempo e tipo de atividade executada.

Princípios do movimento   Incorporação de conceitos científicos e estéticos na técnica de ballet.

Quarta posição (braços)   Um braço é arqueado e elevado acima da cabeça, e o outro é curvado à frente da linha da cintura. O braço que assume a dianteira deve estar em oposição ao pé que está na frente na quarta posição.

Quarta posição (pés)   Um pé fica à frente do outro. A distância entre o pé de trás e o pé da frente é o comprimento de um pé do dançarino. Para o dançarino iniciante, a quarta posição pode ser um passo à frente na primeira posição ou na terceira posição.

Quarta posição *en avant*   Na quarta posição, um braço é arqueado em frente da linha da cintura, e o outro braço é alongado na segunda posição. O braço arqueado fica em oposição ao pé que estiver na frente.

Quarto *arabesque* (Cecchetti)   O corpo geralmente fica voltado para um dos cantos do proscênio. A perna que está mais próxima do proscênio é a perna de base, semelhante ao segundo *arabesque*, mas em *demi-plié*. A posição dos braços é igual à do primeiro *arabesque*. Os olhos focam no canto do proscênio.

Quarto *arabesque* (russo)   A posição das pernas é igual à do terceiro *arabesque*. O tronco se volta para o fundo do palco; o braço que está mais próximo do proscênio é estendido para a frente ao passo que o braço que está do lado do fundo do palco se estende para trás, de modo que, juntos, criam uma linha contínua ao longo do corpo. A cabeça se volta para a plateia, mas se inclina ligeiramente na direção do ombro que está do lado do fundo do palco.

Quinta posição (pés)   O calcanhar do pé da frente fica em contato com o pé de trás. No método Vaganova, o calcanhar toca a ponta do hálux do pé de trás. No método Cecchetti, o calcanhar toca o pé de trás na altura da articulação do hálux.

Quinta posição *en haut* (elevada)   Arredondados, os braços são elevados diagonalmente a partir da linha do cabelo (método Cecchetti) ou sobre a coroa da cabeça (método russo).

Quinto *arabesque* (Cecchetti)   O corpo fica voltado para um dos cantos do proscênio; a perna de base é a que está mais próxima do proscênio e fica em *demi-plié*. A posição dos braços é igual à do terceiro *arabesque*. Os olhos focam na direção do canto do proscênio.

Relevé   Inicia-se com um *demi-plié*. O calcanhar se eleva e sai do solo enquanto o antepé e os dedos permanecem no chão.

Retiré   Retirado; o pé de trabalho se movimenta pelo *sur le cou-de-pied* e traça uma linha até a frente ou para trás da perna de base, mantendo-se abaixo da patela, atrás ou ao lado do joelho.

Révérence   Reverência realizada no final da aula para agradecer o professor e o músico. Ele envolve um *port de bras,* os homens se curvam e as mulheres fazem uma reverência.

Robbins, Jerome (1918-1998)   Bailarino e coreógrafo que concebeu montagens para o New York City Ballet e sucessos de bilheteria para a Broadway, como *West Side Story* e *Um violinista no telhado.*

Rond de jambe à terre   Movimento circular da perna, descrito pelo pé esticado passando pelo solo. O movimento circular descreve um meio-círculo em duas direções, *en dehors* (para fora; afastando-se da perna de base) ou *en dedans* (para dentro; em direção à perna de base).

Sallé, Marie (1707-1756)   Conhecida por seu expressivo estilo de dança, foi uma das primeiras bailarinas reconhecida como coreógrafa. No ballet *Pygmalion* (1734), Sallé abandonou o vestido de espartilho apertado com anquinhas (armação para ampliar a saia) por um simples vestido de musselina. Também escandalizou o público ao remover a peruca e dançar com o cabelo solto.

Sarabanda   Originária da Espanha, dança popular viva de compasso ternário, mas que se tornou uma tranquila dança processional na corte francesa; é a terceira dança de uma suíte de quatro partes.

Sauté   Salto.

Segunda posição (braços)   Os braços ficam alongados ligeiramente à frente da lateral do corpo e a partir da altura dos ombros, os cotovelos ficam ligeiramente mais baixos e levemente arredondados.

Segunda posição (pés)   Os pés ficam afastados a uma distância de, aproximadamente, um pé do bailarino até a largura dos ombros. Os dois hálux ficam em linha reta para garantir a igualdade da rotação *en dehors* das pernas.

Segundo *arabesque* (Cecchetti)   Posição em que o corpo fica de perfil para a plateia. A perna de base, que é a que está do lado do fundo do palco, deve estar esticada e *en dehors*. A linha corporal deve preservar a perpendicularidade, ainda que esteja voltada para a plateia. O braço dianteiro fica do mesmo lado da perna que é estendida para trás; o outro braço deve ser aberto e se estender um pouco para trás da segunda posição. Os dois braços criam uma linha diagonal completa. Os olhos devem mirar para além da ponta dos dedos da mão que está à frente, e a cabeça pende em direção à plateia.

Segundo *arabesque* (russo)   Similar ao primeiro *arabesque* russo, o corpo fica de perfil, e a perna de base é a que está voltada para o fundo do palco. O braço que está mais próximo da plateia deve ser estendido para a frente, enquanto o outro braço deve se estender atrás do corpo. A cabeça se volta na direção da plateia.

Segundo *port de bras*   Os braços começam na quinta posição *en bas* (posição preparatória/*bras bas*). Ambos os braços se elevam para a quinta posição *en haut* (quinta posição). Os braços abrem para a segunda posição. Os cotovelos são suavemente erguidos, e os braços descem em um movimento fluido, finalizando na quinta posição *en bas* (posição preparatória/*bras bas*).

Sentido cinestésico   Sentido dos músculos, dos ossos e das articulações; capacidade de sentir o corpo no espaço.

Smith, George Washington (1820-1899)   Dançarino e mestre de ballet. Integrou o elenco da turnê americana da companhia de Fanny Elssler. Foi o primeiro bailarino americano a dançar o papel de Albrecht em *Giselle*.

Sous-sus   Literalmente significa de baixo para cima. Um *relevé* com os pés firmemente colocados na quinta posição.

Sur la place   Permanecer no mesmo lugar durante uma sequência que tem movimentos ascendentes e descendentes dentro do espaço.

Sur le cou-de-pied   Sobre o dorso do pé. Nessa posição, o calcanhar do pé de trabalho se mantém na frente do tornozelo e pode ou não ficar em contato com a parte posterior do tornozelo. Os dedos e os metatarsais podem estar apoiados no chão em uma posição em *flex*, ou o pé pode estar em ponta ou flexionado.

Taglioni, Marie (1804-1884)   Encarnou o lado etéreo do Romantismo. Seu papel como sílfide em *La Sylphide* (1832) a transformou em uma estrela. As sapatilhas de ponta de cetim e seu figurino branco tornaram-se modelo para o tutu romântico. Quando ela dançava, a fluência de seus movimentos delicados e a habilidade de sustentar-se na ponta dos pés por alguns instantes eram a representação do espírito romântico.

Técnica   Trata-se não só da correta execução mas também da incorporação dos princípios de movimento que se aplicam ao exercício ou a uma sequência de passos.

Técnica de ballet   Compreende um vocabulário de exercícios, passos, posições e poses.

Temps levé   Tempo levantado; salto que começa com os dois pés na terceira ou na quinta posição e termina sobre uma perna com o pé de trabalho em contato com a perna de base, seja na frente ou atrás, abaixo do joelho ou na posição *coupé*. A perna de trabalho fica com o joelho flexionado e *en dehors*.

Terceira posição (braços) (método francês)   Um braço é elevado ligeiramente adiante da cabeça, enquanto o outro é alongado na segunda posição. Se o pé direito estiver na frente na terceira posição, o braço direito então deve ser elevado acima da cabeça.

Terceira posição (pés)   O calcanhar do pé da frente toca o meio do arco do pé de trás.

Terceiro *arabesque* (Cecchetti)   Posição em que o corpo fica de perfil para a plateia. A perna de base deve ser esticada e *en dehors*. Ombros e quadris devem preservar a perpendicularidade. Ambos os braços ficam posicionados à frente do corpo; o braço inferior é o que está mais próximo da plateia e deve ser alinhado à altura do ombro, ao passo que o outro braço deve ser estendido e elevado à altura da testa. Os olhos devem ser focados adiante, como se o bailarino olhasse através de uma janela criada por seus braços.

Terceiro *arabesque* (russo)   Posição em que o corpo é voltado para um dos cantos do proscênio. A perna que está mais próxima do proscênio é a perna de base. A perna voltada para o fundo do palco deve ser estendida para trás em *croisé derrière*. O braço que está do lado do fundo do palco deve ser posicionado à frente do corpo, enquanto o outro é aberto na segunda posição. O rosto deve se voltar para a mão que está à frente.

Three-step turn **(giro em três etapas)**   Pequeno passo de giro praticado em preparação para outros passos de virada, como os *chaînés*.

Tonelete   Saia com armação à altura do joelho usada pelos homens na primeira metade do século XVIII.

Transferência de peso   Ato de passar o peso do corpo para um pé, de um pé para o outro ou para ambos, durante um movimento ou enquanto se está em pé.

Triângulo do pé   Os três principais pontos da planta do pé que ficam em contato com o solo.

Tutu   Traje da *ballerina* no ballet clássico, composto de um vestido de gaze com espartilho apertado e saia de tule com várias camadas cujo comprimento variava, desde o meio da panturrilha até acima dos joelhos, para mostrar o trabalho de ponta e a técnica da dançarina.

Vaganova, Agrippina (1879-1951)   *Ballerina* e renomada professora russa que formulou o método Vaganova, atualmente utilizado ao redor do mundo.

Vestris, Auguste (1760-1842)   Filho de Gaetan. Comandou o palco da Ópera de Paris no papel de *danseur noble* durante o século XVIII.

Vestris, Gaetan (1729-1808)   Principal *danseur noble* da Ópera francesa do século XVIII; ganhou o título de Deus da Dança.

Zucchi, Virginia (1847-1930)   Dançarina italiana que atuou junto ao St. Petersburg Ballet Theatre. Era uma virtuose da técnica com habilidades cênicas soberbas.

Referências bibliográficas

Clippinger, Karen. 2007. *Dance anatomy and kinesiology*. Champaign, IL: Human Kinetics.

Corbin, Charles B., and Lindsey, Ruth. 2005. *Fitness for life*, 5th ed. Champaign, IL: Human Kinetics.

Cuypers, Koenraad. 2011. *Good Housekeeping*, November. http://besteducationpossible.blogspot.com/2011/10/tickets-to-health-and-happiness.html.

Grant, Gail. 1961. *Technical manual and dictionary of classical ballet*. New York: Kamin Dance.

Haas, Jacqui Greene. 2010. *Dance anatomy*. Champaign, IL: Human Kinetics.

Human Kinetics. 2010. *Health and wellness for life*. Champaign, IL: Author.

International Association for Dance Medicine and Science. 2011. Dance fitness. www.iadms.org.

Kassing, Gayle. 1999. *Interactive beginning ballet technique* [CD-ROM]. Champaign, IL: Human Kinetics.

Kassing, Gayle. 2007. *History of dance: An interactive arts approach*. Champaign, IL: Human Kinetics.

Kassing, Gayle, and Jay, Danielle. 1998. *Teaching beginning ballet technique*. Champaign, IL: Human Kinetics.

Kassing, Gayle, and Jay, Danielle. 2003. *Dance teaching methods and curriculum design*. Champaign, IL: Human Kinetics.

Vaganova, Agrippina. 1965. *Basic principles of classical ballet: Russian ballet technique*, 2nd ed. London: Adam & Black.

Índice remissivo